调解主体内生动力研究

张富丽 著

中国出版集团公司 | 全国百佳图书

中国民主法制出版社 | 出版单位

图书在版编目（CIP）数据

调解主体内生动力研究/张富丽 著.—北京：中国民主法
制出版社，2024.6.—ISBN 978-7-5162-3701-4

Ⅰ.D925.114.4

中国国家版本馆CIP数据核字第2024GZ7774号

图书出品人：刘海涛
出 版 统 筹：石　松
责 任 编 辑：张佳彬
文 字 编 辑：李婷婷

书　　名／调解主体内生动力研究
作　　者／张富丽 著

出版·发行／中国民主法制出版社
地址／北京市丰台区右安门外玉林里 7 号（100069）
电话／（010）63055259（总编室）　　63058068　63057714（营销中心）
传真／（010）63055259
http:// www.npcpub.com
E-mail: mzfz@npcpub.com
经销／新华书店
开本／32开　880毫米×1230毫米
印张／6　　**字数**／156千字
版本／2024 年 6 月第 1 版　2024 年 6 月第 1 次印刷
印刷／北京建宏印刷有限公司

书号／ISBN 978-7-5162-3701-4
定价／52.00 元
出版声明／版权所有，侵权必究。

前　言

在日常社会生活中，矛盾纷争时有发生，这是一种客观性的存在。解决的方法有多种，但人民调解是最具有中国特色，最符合中国民众处事方式的非诉讼纠纷解决机制。它能最大限度地把纠纷解决在基层，化解在当地，消除在萌芽状态，尤其在当前社会纠纷主体多元化、矛盾类型多样化、调解内容复杂化、利益诉求弹性空间巨大的情况下，人民调解更及时、更便捷、更有效，是化解人民内部矛盾，满足广大群众利益，维护社会稳定，减少法律诉讼的最有效方式。

人民调解这一专用术语，在今天是指人民调解委员会通过说服、疏导等方法，促使当事人在平等协商基础上自愿达成调解协议，解决民间纠纷的活动。人民调解员是调解的主导者，他站在公正客观的立场，作为冲突解决的第三方，直接对双方或者多方当事人产生的矛盾纠纷，根据冲突类型，运用调解策略，采取不同的调解方式进行调解。

人民调解制度是产生于中国的一种处理民间矛盾纠纷的制度，具有深厚的历史文化底蕴，已有数千年的历史。调解的萌芽可以追溯到尧舜时期，而先秦诸子学说则奠定了中国古代调解制度的基础理论。从先秦到明清，调解行为的具体内容和形式虽有变化，但始终在处理社会纠纷的实践中发挥着重要作用。新中国成立以后，调解行为进一步规范化、制度化，经过多年的发展，人民调解制度逐渐成为我国的一项民主法制制度。这种以非诉讼方式解决纠纷的方法，被称为维护社会和谐稳定的"第一道防线"，被国际社会誉为"东方经验""东方之花"。在实践过程中，形成了"发动和依靠群众，小事不出村，大事不出镇，矛盾不上交，就地化解"的"枫桥经验"。1963 年 11 月，毛泽东同志曾亲笔批示"要各地仿效，经过试点，推广去做"。

改革开放 40 多年来，中国创造了经济快速发展和社会长期稳定两大奇迹。在经济高速发展的同时，大量的矛盾、冲突、纷争不断涌现，但却并未真正影响社会长期稳定的大局，人民安居乐业、社会安定有序、国家长治久安。究其原因，是矛盾被化解在基层，化解在人民调解中，中国依靠人民自身的力量解决了民间纠纷、实现了群众自治。

如今，人民调解作为"枫桥经验"的核心内容，与中华优秀传统文化一同被传承下来。党的十八大以来，习近平总书记就坚持和发展新时代"枫桥经验"作出一系列重要指示，各地认真贯彻落实习近平总书记重要指示精神，紧紧依靠群众探索创新，努力为中国式现代化建设创造安全稳定的社会环境。2023 年 11 月 6 日，习近平总书记在会见全国"枫桥式工作法"入选单位代表时，勉励他们再接再厉，坚持和发展好新时代"枫桥经验"，为推进更高水平的平安中国建设作出新的更大贡献。

目前，司法界、学术界对人民调解制度、人民调解范围和方法有一定的分析，对于人民调解员应该具备哪些素质、条件，如何提高自身的业务水平有一些论述，但对于调解主体本身的分析研究并不多。本人曾长期从事人民调解及其传播工作，主持调处了近千起矛盾纠纷。调解中，我努力探索"情、理、法"三者的统一，调解成功率 90% 以上，这意味着，近千起有可能发展成为治安或者刑事的案件，通过人民调解得以消除。为此，中宣部选调我参加了全国"好记者讲好故事"巡讲团，讲述人民调解案例；同时我被司法部评为"全国模范人民调解员"。我深感自己有责任、有义务加强人民调解的理论分析和实践探索。

本研究聚焦于调解主体，采用实证研究的方法，以社会学习理论、自我效能理论为基础，将调解放在全球视域下进行观察，对人民调解员和调解组织的内生动力进行分析和研究。作为调解主体，人民调解员进行调解在很多情况下是一种自觉的、有道德热情的、主动奉献的行为。在此前提下，本研究以调解主体的和谐工作激情、道德自我效能感作为主要研究对象，向前追溯其前因变量，分析服务型领导风格的人民调解委员会主任对人民调解员的影响。同时，探讨人民调解员的和谐工作激情、道德自我效能感在人民调解员的工作绩效和威权调解风格的调节下所导致的结果变量，包括人民调解员的组织公民行为和反馈寻求行为，尝试提出系统的理论架构。

本研究调查了北京市丰台区、东城区、西城区的 66 个人民调解委员会团队。通过配对、剔除无效问卷，共收集到 277 份人民调解员以及对应的 66 份人民调解委员会主任的有效问卷。本研究努力尝试丰富"道德自我效能感"的理论研究，挖掘人民调解员的"道德自我效能感"这一关键变量，验证"道德自我效能感"所带来的影响和作用，揭示了服务型领导风格的人民调解委员会主任通过提升人民调解员的和谐工作激情更易于激发和促进人民调解员的道德自我效能感，进而影响人民调解员的组织公民行为、反馈寻求行为。本研究分析了人民调解委员会主任的服务型领导风格，在一定程度上弥补了"人民调解委员会主任—人民调解员"研究中的不足，进一步完善了人民调解理论。从实践角度看，本研究努力从人民调解工作管理的新视角，将和谐工作激情和道德自我效能感纳入人民调解员的重要考察能力。另外，本研究提出了目前人民调解存在的一些问题，如人民调解员年龄断层比较明显等；也提出了一些新建议，如人民调解工作应注意人才梯队建设，可在相关院校开设人民调解课程等。

起源于东方的调解制度目前已经被很多西方国家借鉴，但对于调解的研究却滞后于其实际发展的脚步。我本着创造性转化和创新性发展的原则，努力探索如何调动调解主体的内生动力，希望本书能够为我国的人民调解工作找出一些规律，为人民调解的理论研究和实践应用贡献微薄的力量。由于本人才疏学浅，一些论述不够严谨，很多新现象有待观察，某些新观点需要进一步充实，书中不足之处，望得到方家的批评指正。

目　录

第一章　调解主体研究现状

一、研究背景

许多学者认为，调解是一种工业级的瑞士军刀，它能够完成任何任务（Wall & Dunne，2012）。而作为实践者，我在人民调解工作中更深切的感受是，调解更像是一座桥梁，可以让调解员走进双方或者多方当事人的内心，找出当事人的心结，帮助当事人打开这个结，从而走出迷茫和困顿，而人民调解员自身在这其中也获得了自我成就。

调解属于冲突管理范畴。冲突是一个过程，开始于个体或群体感知自身和另一个人或群体之间，在利益、资源、信仰、价值观或实践等对他们来说重要的方面上存在差异和对立（De Dreu and Gelfand，2008）。

Christopher（2003）等学者认为，调解是一种谈判过程，涉及寻求协助的第三方的接触。人们之间的冲突，有时通过第三方提出妥协方案或以做出他们遵守之约定的方式解决。冲突解决者，将之称为"第三方"（喻中胜和徐昀，2006）。在过去十年中，虽然调解的定义经过修改被加长、缩短、微调，但内容基本保持不变。调解是指由没有权力规定协议或结果的第三方为两个或多个相关当事人提供援助的过程（Kressel & Pruitt，1989；Wall & Dunne，2012）。一些学者也通过调解与仲裁的对比进行解释。调解中的第三方，控制过程，但是不控制结果。而在仲裁中，第三方控制的是结果，而不是过程。冲突管理中的第三方干预的角色有：调解员、仲裁者。

调解，起源于东方，带有浓郁的东方色彩，与东方固有的文化土壤相适应。由于调解有效、快速，使其可以在一定程度上代替诉讼，减少法院的案件审理量，从而有效地减少司法资源的浪费，所以，这一优势被西方国家借鉴，成为应用在西方国家司法改革中的首选模式。美国就仿照中国的人民调解在美国的司法改革中推出了可替代性纠纷解决机制（ADR），除了美国，欧洲各国也在纷纷效仿人民调解制度。如今，调解已被全球很多国家借鉴使用。因调解在中国特殊情境下有其特殊的意义和价值，本研究中重点关注的是进行第三方干预的中国的人民调解员。

在实际访谈中，我绘制出关于人民调解的组织结构图。以北京市为例，在北京市司法局下，分为各区县司法局；各区县司法局又按照镇、乡、街道划分所属的司法所；司法所下依据不同的社区、乡划分人民调解委员会，每个人民调解委员会里有 5 名左右人民调解员。

人民调解员，指的是在人民调解委员会工作，通过说服、疏导等方法，促使当事人在平等协商基础上自愿达成调解协议，解决民间纠纷的调解人员。他们的工作任务是通过各种策略、手段，对发生矛盾的双方或者多方当事人进行劝解、说明，对矛盾纠纷进行调处。如果双方或者多方当事人在人民调解员的调解下达成了一致的调解意见，签署人民调解协议书，加盖人民调解委员会的公章，协议书有其法律效力。

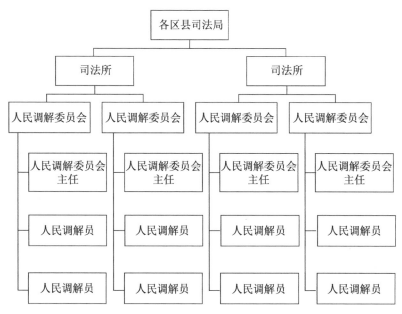

图 1-1　各区县司法局管理下的人民调解组织结构图

人民调解制度是一项极具中国特色并且有深厚传统文化内涵的中国法律制度。2011 年 1 月 1 日正式颁布实施的《中华人民共和国人民调解法》第二条规定："本法所称人民调解，是指人民调解委员会通过说服、疏导等方法，促使当事人在平等协商基础上自愿达成调解协议，解决民间纠纷的活动。"第三十三条第一款规定："经人民调解委员会调解达成调解协议后，双方当事人认为有必要的，可以自调解协议生效之日起三十日内共同向人民法院申请司法确认，人民法院应当及时对调解协议进行审查，依法确认调解协议的效力。"

在中国，按照不同的组织系统背景，调解组织分为基层村居人民调解、行业专业人民调解、法院诉前调解三种。按照调解组织的不同，调解员也分为基层村居人民调解员、行业专业人民调解员、诉前人民调解员。虽然分为三种调解形式，但是人民调解员经常会交叉进行人民调解工作，有的人民调解员既是村居人民调解员，也参与法院的诉前调解工作，做诉前人民调解员；有的人民调解员既是村居人民调解员，也参加行业专业人民调解工作。三种人民调解员从人数比例上来说，基层村居人民调解员最多，大约占到人民调解员总数的八成以上。本研究主要研究的是基层村居人民调解员。每个司法所下面都会按照不同的社区、乡设有几个到几十个不等的人民调解委员会。每个人民调解委员会就是一个人民调解组织，每个人民调解委员会都设有人民调解委员会主任，由其负责对本人民调解委员会的事务和人员进行管理。以北京市西城区月坛街道人民调解委员会为例，月坛街道人民调解委员会就设在月坛街道办事处内，月坛街道人民调解委员会主任本身就是月坛街道居民，与本街道居民都比较熟悉，对月坛街道的人民调解工作和月坛街道人民调解委员会的人民调解员进行管理；而人民调解委员会主任自身也是人民调解员，具有出色的调解技能和管理能力。

2023 年 11 月 23 日出版的《法治日报》介绍，截至目前，全国人民调解委员会有 69.3 万个，其中村人民调解委员会 49.2 万个，乡镇人民调解委员会 3.1 万个；全国有人民调解员 317.6 万人，其中村人民调解员 208.6 万人，乡镇人民调解员 21.8 万人，专职人民调解员 41.2 万人，建立律师调解工作室（中心）1.3 万个。2022 年，通过人民调解方式调解化解各类矛盾纠纷 1494 万件。北京市司法局通报，目前北京已规范设立各类人民调解组织 7849 个，选聘人民调解员 42125 人。

除了被动调解，还有主动化解。广大人民调解组织和人民调解员积极投身到矛盾纠纷预防、排查、化解工作中。以北京市为例，5 年来，各级各类人民调解组织年均调解纠纷 21.6 万余件，排查纠纷 34.4 万余次，最大限度地把矛盾纠纷化解在基层、化解在诉前、消除在萌芽状态，有力地保障了社会和谐，筑牢了维护社会和谐稳定的"第一道防线"。人民调解员遍布每个村街、乡镇、居委会，可以说，在有组织的地方，就能看到人民调解员的身影。

按照调解案件类型和难度的不同，调解工作分为人民调解员单独进行的人民调解工作、本调解委员会内人民调解员参与的联合人民调解工作、几个调解委员会进行的多元联合人民调解工作。多元联合人民调解，也被称作多元纠纷调处机制，指的是在遇到疑难重大案件（如群体性上访事件）时，联合涉及双方或者多方当事人利益的各方单位，在同一时间、同一地点进行的人民调解工作。人民调解针对的案件不同，其调解的时间长短也不一致，简单案件，几个小时就能调解成功；复杂些的案件有可能跨天、跨周甚至跨月、跨年，换不同的人民调解员进行反复劝解；而遇到疑难重大案件，则要实行多元纠纷调处机制，出动人民调解委员会全体人员或者一个司法所内全部人民调解委员会的人民调解员进行联合走访调解，调解时间就更不固定了。人民调解属于公益行为，完全免费，不向当事人收费，司法局会按照人民调解员所调解的案件难度等级、调解时长、涉及人数、案件标的额对人民调解员进行案件补贴。

Wall & Dunne（2012）认为，在更集体化的文化中，人们更容易相信冲突是有害的，更加频繁地强调和谐。在个人主义文化中，人们会更多地强调纠纷对社会的代价，由此产生第三方调解。同样因为集体文化的价值趋向和谐，集体文化观念下的调解员更有可能去主动调解有争议的当事人，这些调解员还将采取措施帮这些当事人挽回面子。正式的调解常见于东方文化中，佛教文化和儒家文化盛行的国家和地区，通常依靠调解来解决争端，因为这些国家和地区，其社会价值趋向于社会和谐。除此之外，我们还发现，大多数欧洲国家也已经发展建立了社区调解制度，建立了在他们的法律体系中的正式的调解中心。这些国家已经看到，调解作为一种选择的好处是，对于那些深陷困境的法院诉讼来说，在这些国家，当事人常常意识到利益的存在，通过使用调解来快速高效地达成协议（Wall & Dunne，2012）。集体主义、儒家学说等，所有这些给了中国发展人民调解的土壤。人民调解，中国自古就有，是一种中华民族独创的用来化解矛盾、消除纷争的非诉讼式的问题解决方式。在世界上，被称为"东方经验""东方之花"。

二、问题聚焦

人民调解员的工作烦琐复杂，面对形形色色的当事人，以及各种各样的矛盾纠纷类型，需要不断地做心理和情绪上的建设。人民调解员拥有积极的个性特征，人民调解员自身所拥有的和谐工作激情和道德自我效能感，能够帮助其更好地处理工作和生活中遇到的问题，使其更加积极地投入调解工作中。

在前期访谈中，有几位人民调解员提到，除了被动调解，自己也要去主动化解矛盾纠纷。每个人都有自己的价值观，做人民调解员的前提是价值观一定要正确，并能用正确的价值观来引导当事人。有调解员说，在调解案件时，看到有关于家庭纠纷案件里的一方当事人，因自私只想分房产而不赡养老人时，就想通过自己的努力把当事人的这种想法纠正过来，把当事人以及社会上有这种不良价值观的人都引导到正确的道路上。还有调解员说，即使不计报酬，拿不到案件补贴，自己在看到有纠纷的苗头时也会去主动化解，看到即将走上偏道的人就想把他拉回来，希望在调解中，通过自己一点一滴的工作，引导他们树立正确的价值观，这是做人民调解工作的动力来源。由此，本研究聚焦到了"道德自我效能感"这一变量。在对文献进行梳理的时候，发现关于"道德自我效能感"的提出，是最近十几年的全新视角。道德自我效能感被定义为"一个人相信他或她的组织能力动员的动机、认知资源，手段，课程的行动需要达到道德的表现，在一个给定的道德领域"（Hannah et al., 2011）。Hannah（2011）还指出，道德自我效能感是很重要的：一方面，道德领导人可能会促进追随者进行道德规范建设；另一方面，道德追随者也会把道德领导人作为榜样和示范，代表正直、善良和一个人努力的方向。基于此，我们在人民调解的研究中，着重审视道德自我效能感所带来的影响。

和谐工作激情指的是个体自由参加自己热爱行为的强烈愿望，对和谐工作激情个体而言，行为是完整自我结构的一部分，与生活其他方面和谐匹配。在前期的访谈中，我们发现，有的人民调解员是极具工作激情的，哪怕收入微薄，社会地位不高，付出的努力与回馈不成比例，却还是发自内心地喜欢、热爱人民调解工作，并且把它内化为自己的一种责任、义务，愿意付出自己的时间、精力，自觉、自愿地把人民调解工作视为重要的、有意义的工作，且是人民调解员个体自身的选择而不是迫于压力或受到调解数量的限制。具有和谐工作激情的人民调解员不仅对找上门来的矛盾纠纷进行调解，还在工作生活中积极发现矛盾隐患的苗头，主动地去预防化解。

人民调解员工作的目的，就是要让被调解双方当事人满意，摒弃前嫌，握手言和，签署人民调解协议，达成双方和谐。这是对人民调解员的考验。除了对法律知识、心理技巧的掌握，本研究发现，人民调解员队伍中的人民调解委员会主任的服务型领导也在其中起到非常重要的作用。人民调解委员会主任的服务型领导强调的是"服务"意识，不仅为本委员会内的人民调解员服务，还要带动整个调解团队为当事人服务，并把这种服务意识传递给本委员会内的人民调解员，推动他们更好地服务于当事人，对当事双方或者当事多方的纠纷矛盾进行多元化综合调处，从而获得较高的成功率。

组织公民行为是指组织成员自愿做出的行为，这些行为没有得到正式的报酬系统直接而明确的认可，但从整体上有助于提高组织的效能（Organ，1988）。人民调解员具有组织公民行为的主动性，愿意帮助新同事适应调解工作的环境；愿意帮助同事解决工作上的问题；愿意与同事协调和交流；尤其在遇到集体上访等特殊案件时，有经验和资历的人民调解员还愿意主动去为同事顶岗，进入危险环境进行调解。而正是这种自觉自愿的行为促进了人民调解委员会的运作，减少了司法资源的浪费，促进了社会的和谐。这对于在新形势下，构建强有力的基层人民矛盾调处工作队伍有着重要的作用。

反馈寻求行为的定义是：将反馈视为个体所具备的一项富有价值的信息资源，个体不一定是反馈信息的被动接受者，还可以是选择主动寻求反馈的主体（Ashford & Cummings，1983）。Ashford（1986）基于积极心理学的这一理论，也使得我重视反馈寻求行为在人民调解工作中的应用。人民调解员面对错综复杂的案件，可以主动向上级人民调解委员会主任或是同周围的人民调解员同事寻求反馈以获得对自己有价值的信息，进而促进自己和人民调解组织的发展。本研究在访谈中发现，人民调解员的组织公民行为、反馈寻求行为可以作为结果变量进行研究。

尽管在过去十年里，关于冲突调解，在各种领域解决冲突应用中扩大了容量，使调解应用于社会的各种环境、各行各业，但是对冲突调解的研究在"什么决定了调解者的策略以及最终什么构成了成功的调解"方面呈现出一种零散的、零碎的认识状态（Wall & Dunne，2012）。今天，关于什么是"有效的调解"，以及如何实现有效的调解方面的研究结果呈现出一种支离破碎的局面（Diehl & Druckman，2010；Wall & Dunne，2012；Elangovan，1995；Sheppard，1984）。举例说，研究通常要么是微观的（例如，调解风格），从更广泛的冲突管理系统中分离出来；要么是宏观的（例如，案例比较），从调解的决策和行动中分离出来。此外，调解领域的折中性质也体现在丰富而杂乱的学术研究领域，涉及法律、国际关系、政治科学、数学、心理学和组织科学等不同学科的学术研究。因此，许多调解实践模式都是从健全理论或基于证据的研究中移除的（Coleman，2011）。通常，在学术界产生的知识并不会影响到从业者，而宝贵的领域经验和实践也很少会影响学术研究，从而阻碍了相互学习和发展（Honeyman et al.，2009）。除了这些支离破碎的表现，通过访谈，本研究发现以往的研究还有以下局限。

第一，以往有关于调解的文献大多假设调解员是独立工作的，忽略了人民调解员的组织。人民调解员除了单打独斗地化解矛盾纠纷案件，还会有团队的集体工作，尤其是在同一个人民调解委员会，会受所在人民调解委员会主任和其他人民调解员的影响。这与人民调解员工作的特殊结构相关。依前文所述，在遇到复杂疑难案件时，还需要进行多元联合调解，实行多元化纠纷调处机制，不仅本人民调解委员会内部要联合，还要联合其他人民调解委员会甚至整个司法所的人民调解员全部出动进行联合调解。因此，本研究对人民调解委员会主任和人民调解员进行配对，以"人民调解委员会主任—人民调解员"的视角进行研究。

第二，在一个人民调解委员会里，人民调解委员会主任是核心领导。我们在前期访谈中，向参加访谈的人民调解员说明了各种类型的领导方式，人民调解员们认为，人民调解委员会主任的领导方式可以界定为服务型领导。即为了使员工有共同的奋斗目标而充分发挥领导的能力，并且使自己的领导能力得到员工的充分信任（Hunter，2004）。基于社会学习理论，Bandura（1977）认为，榜样在很大程度上会起到示范带头作用。而在访谈中，也的确有调解员提到，要重视榜样的作用，就人民调解的组织管理来说，人民调解员主动向人民调解委员会主任学习，来提高自己的能力和服务意识。所以，把人民调解委员会主任的服务型领导作为前因变量来进行研究，在人民调解的情景下是有意义的。目前，在这个领域，相关研究还没有关注到这一点。

第三，对个体而言，人民调解工作是需要消耗心理资源的。组织行为学研究认为：自我效能感、核心自我评价等作为工作资源，可以帮助员工实现工作目标，激励员工成长、学习和发展（孟卓群，2011）。人民调解员自身所拥有的和谐工作激情和道德自我效能感所起到的作用，在以往的研究中并未被提及和重视。

由此可见，关于调解的实际应用仍然面临着相当大的挑战。人民调解是中国特有的化解矛盾纠纷的途径和方法，对于人民调解队伍建设进行研究的学者不多。本研究探讨人民调解委员会主任的服务型领导，对人民调解员的道德自我效能感、和谐工作激情的关系的影响，以及在人民调解员工作绩效和威权调解风格的调节下，与人民调解员的组织公民行为、反馈寻求行为之间的关系。本研究希望能够为调解工作，尤其是在中国特色社会主义制度背景下的人民调解工作找出一些调解员队伍建设与管理的规律，从而弥补人民调解研究中的不足。

三、研究问题

本研究主要有以下几个问题需要解决：

（1）人民调解工作的特殊组织结构决定了，人民调解员除了自身的工作，还要与人民调解委员会主任配合。本文将人民调解委员会主任与人民调解员配对，期望找到一个合理的研究框架，摆脱现有研究中只做人民调解员这一个体层面研究的尴尬局面，从"人民调解委员会主任—人民调解员"的视角进行深入探讨。

（2）以往关于人民调解员的研究，往往只是针对人民调解员自身的业务和调解工作策略进行探讨，忽视研究不同类型的领导风格作为前因变量的可能性。由于人民调解工作的独特性，要求人民调解委员会主任要设身处地地服务人民调解员，服务当事人；而依照社会学习理论，人民调解委员会的其他人民调解员会主动学习人民调解委员会主任的这种服务意识，为当事人提供更好的关心、照顾和服务。这符合服务型领导的定义和内涵，服务型领导，是为了使员工有共同的奋斗目标而充分发挥领导的能力，并且使自己的领导能力得到员工的充分信任（Hunter，2004）。本研究聚焦人民调解委员会主任的服务型领导对于调解工作的影响，可以弥补以往文献中对于此前因变量研究的缺失。

（3）挖掘人民调解员工作的中介变量——和谐工作激情、道德自我效能感。和谐工作激情、道德自我效能感两者在人民调解委员会主任的服务型领导行为与人民调解员的组织公民行为、反馈寻求行为的关系中发挥链式中介作用，即人民调解委员会主任的服务型领导通过提升人民调解员的和谐工作激情促进其道德自我效能感，进而影响人民调解员的组织公民行为和反馈寻求行为。

（4）在人民调解的情景下，应该综合考虑各种因素，除了考虑人民调解委员会主任的服务型领导行为对于人民调解员的和谐工作激情、道德自我效能感的影响之外，还要考虑人民调解员自身的因素与人民调解委员会主任服务型领导之外的因素对于人民调解员的组织公民行为、反馈寻求行为的影响，这就要关注人民调解员的工作绩效和威权调解风格作为调节变量所起的调节作用。在实践中，我发现人民调解员的工作绩效可以作为调节变量来研究，对于工作绩效高的人民调解员，在其道德自我效能感比较高的时候，基于自己的绩效能力和自信，可能会产生更多的超越人民调解员基本职能的工作表现，表现出更多的角色外的行为；可能会更加愿意主动向人民调解委员会主任寻求反馈，以获得对自己有价值的信息，以便对自我的行为进行及时的补充和修正，进而促进个体和组织的长远发展。

（5）在结果变量方面，虽然之前的研究有所涉及，但都只是针对人民调解工作成功率或者人民调解工作满意度的某一项，并不完全客观和全面。本研究对结果变量进行了综合考虑，将人民调解员的组织公民行为、反馈寻求行为作为结果变量进行研究。这由人民调解工作的独特性所致。如上所述，在人民调解工作中，人民调解员在面临急难险重的调解案件，尤其是群体上访事件和恶性事件时，在超出自己的调解工作时间、地点、案件时，愿意帮助其他的人民调解员，与其他的人民调解员协作，共同解决。调解本身就是沟通的艺术，在面对错综复杂的案件时，人民调解员愿意主动与人民调解委员会主任或周围的人民调解员沟通案件调解过程中的问题、困惑，寻求反馈来获得对自己有价值的信息，以此更好地促进自己和人民调解组织的发展。因此，本文探讨人民调解员的和谐工作激情、道德自我效能感在人民调解员工作绩效和威权调解风格的调节下，对人民调解员的组织公民行为、反馈寻求行为这两个变量的影响。

四、研究的意义

（一）研究的理论意义

本研究的理论意义主要有如下三点：

第一，本研究有可能弥补以前调解研究中的空白。具体来说，通过上文的介绍，我们知道，现在关于调解的研究中没有研究过人民调解委员会主任和所在人民调解委员会其他人民调解员的上下级领导关系，以及在人民调解委员会主任的影响下，和谐工作激情、道德自我效能感对于人民调解员的组织公民行为、反馈寻求行为的影响。而根据现有的社会学习理论和实际工作中的经验，我们知道，下一级对于上一级领导是有学习的欲望与效仿能力的。因此，本研究在一定程度上弥补了这一空白。同时，在之前的研究中，调解的结果变量只考虑了工作绩效，并不全面。因此，本研究在结果变量方面对人民调解员的组织公民行为、反馈寻求行为这两方面进行了综合考量，在一定程度上完善了组织行为学领域对于人民调解的研究。

第二，挖掘了人民调解员工作的两个中介变量——和谐工作激情、道德自我效能感，并说明道德自我效能感可以起到中介作用，而且和谐工作激情和道德自我效能感还可以在人民调解委员会主任的服务型领导行为与人民调解员的组织公民行为、反馈寻求行为的关系中发挥链式中介作用，即人民调解委员会主任的服务型领导行为通过提升人民调解员的和谐工作激情促进其道德自我效能感，进而影响组织公民行为和反馈寻求行为。另外，在以前的研究中，关于道德自我效能感的研究并不多见，更没有针对道德自我效能感这一变量作用于人民调解领域的研究，关于道德自我效能感的研究仅仅出现在学校辅导员等极个别群体的文献中。而实践告诉我们，其实，道德自我效能感在人民调解员身上有很高的价值。所以，本研究对于道德自我效能感这一概念有一定的理论贡献。

第三，研究整合。在人民调解领域，现有的研究理论很少，即使有关于人民调解的理论研究，大都只停留在研究策略、手段、情境、非规范性行为方面。很少有学者将人民调解员的和谐工作激情、道德自我效能感的前因变量与结果变量进行综合研究。本研究将人民调解员和谐工作激情、道德自我效能感的前因变量与结果变量串联起来，形成了一条完整的研究链，对人民调解领域的工作研究进行了整合，这对于人民调解队伍的理论建设和发展有一定的意义。

（二）研究的实践意义

本研究通过研究人民调解员和谐工作激情、道德自我效能感的前因变量与结果变量，发现了各个基层人民调解委员会主任的服务型领导对于调解委员会其他人民调解员有重要的示范带头作用。如人民调解委员会主任会调动其他人民调解员的和谐工作激情、道德自我效能感，从而获得高的组织公民行为、反馈寻求行为。以前的实践认为，人民调解员需要法律知识、心理技巧、调解技能，但是我们在本研究中发现，做人民调解工作不同于其他工作，更要求具有较高的道德自我效能感。所以本研究对于司法系统人民调解工作的实践意义在于，革新了对于人民调解工作管理的视角，将和谐工作激情和道德自我效能感纳入人民调解员的重要考察能力中。另外，本文对控制变量进行挖掘时，发现了最适合做调解工作的是"五老"，即老党员、老干部、老军人、老教师和老律师、老法官等老法律工作者。这对于更好地构建人民调解员队伍，更好地满足当事人的调解要求，提高调解工作质量，提升调处纠纷能力，从而建立稳定、和谐的社会有着非常重要的作用和意义。

五、整体研究结构

本研究分为六章：调解主体研究现状；调解主体研究基本概念；调解主体研究理论、假设与模型；调解主体内生动力研究方法；调解主体内生动力研究分析；调解主体研究结论与讨论。

第一章，调解主体研究现状。主要就本研究的研究背景、研究问题、研究贡献（主要创新点）及研究框架等几个方面进行说明，使大家对本研究产生初步的总体感知。

第二章，调解主体研究基本概念。这一部分主要针对本研究所涉及的各个变量研究的文献内容进行翔实的分析，作综述性说明，比如，这些变量的具体含义、测量以及总结其现有研究成果。

第三章，调解主体研究理论、假设与模型。根据现有文献分析所发现的有意义的研究点进行深入研究，根据自己的思考，提出相关假设；并在这些假设的基础上，绘制出研究模型图。

第四章，调解主体内生动力研究方法。这部分主要介绍本研究所使用的主要方法有哪些，同时对本研究用于研究测量的各个工具性量表作出说明，然后就本研究主要的时间规划作详细的介绍。

第五章，调解主体内生动力研究分析。这部分主要针对问卷回收的数据，采用 SPSS 等软件进行统计分析，以达到验证假设的效果。

第六章，调解主体研究结论与讨论。这部分主要是总结此次研究的结论，并针对研究的不足以及管理实践的意义进行相关探讨。

第二章　调解主体研究基本概念

本研究以人民调解员的和谐工作激情、道德自我效能感作为主要研究对象，向前追溯其前因变量，分析人民调解委员会主任（领导）的服务型领导对人民调解员（员工）的影响。同时，探讨人民调解员的和谐工作激情、道德自我效能感在人民调解员的工作绩效和威权调解风格调节下所导致的结果变量，包括人民调解员的组织公民行为和反馈寻求行为。本章主要围绕相关研究展开，分析有关调解、服务型领导、（道德）自我效能感、（和谐）工作激情、威权调解风格、组织公民行为、反馈寻求行为等内容。

一、调解及人民调解

（一）调解及人民调解的概念界定

调解属于冲突管理的一种。在过去十年中，虽然调解的定义经过修改被加长、缩短、微调，但内容基本保持不变：调解是指由没有权力规定协议或结果的第三方为两个或多个相关当事人提供援助的过程（Kressel & Pruitt, 1989; Wall, Stark, & Standifer, 2001）。目前，对于调解，各个不同意识形态、不同社会文化背景的国家对于调解机构、调解人员和调解方式的认识也都不同，可分为：正式调解和非正式调解。一个社会的文化不仅决定了调解人的行为方式，而且决定了他们中的谁将成为调解人。例如，美国调解人往往是中立的陌生的第三方；而印度更愿意请熟悉的尊敬的人作为调解人解决纠纷，在印度，许多调解人是退休的法官、公务员、银行家、企业领导、教授等（支果和李忠会，2011）。中国的人民调解委员会，允许对人民调解员进行培训、训练，并可以批评当事人，鼓励老党员、退休老干部、老军人、老教师和老律师、老法官等老法律工作者这"五老"来做人民调解工作。Wall & Dunne（2012）在全球范围内寻找了不同的例子，揭示了各种各样的制度效应。有正式调解机构的国家和地区有：中国、安哥拉、澳大利亚、加拿大、英格兰、印度、以色列、日本、科索沃、荷兰、新西兰、菲律宾、葡萄牙、南非、西班牙、美国。有非正式调解机构的国家和地区有：阿富汗、缅甸、哥伦比亚、埃塞俄比亚、加沙、海地、肯尼亚、科威特、老挝、马拉维、马来西亚、尼日利亚、沙特阿拉伯、索马里、土耳其、越南（Wall & Dunne，2012）。

据 2023 年 11 月 23 日出版的《法治日报》介绍，截至目前，全国有人民调解员 317.6 万人，其中村人民调解员 208.6 万人，乡镇人民调解员 21.8 万人，专职人民调解员 41.2 万人。这里的人民调解员是广义的人民调解员，指的是在人民调解委员会工作，通过说服、疏导等方法，促使当事人在平等协商基础上自愿达成调解协议，解决民间纠纷的调解人员，即所有从事人民调解工作的工作人员。而狭义的人民调解员指的是本人民调解委员会主任以外的从事人民调解工作的工作人员。为区别于人民调解委员会主任，本研究所指人民调解员采用狭义层面的界定。

就现有古籍检索，调解的萌芽可以追溯到尧舜时期，而先秦诸子学说，则奠定了中国古代调解制度的基础理论。从古至今，调解作为"东方经验"与中华文化一同被传承下来。当今社会呼唤"和谐"，相对于诉诸法律来说，调解是较平和的一种矛盾化解方式，遇事调停符合中国民众的处事方式，在维护社会安定方面有着不可替代的价值。人民调解制度是极具中国特色的法律制度，它依靠人民解决民间纠纷，实行群众自治。新中国成立以后，人民调解制度逐渐发展成为我国的一项民主法制制度。

（二）调解分类

第一，Coleman（2015）等学者提出了研究开发的一个统一框架，用于识别调解模式和整合最基本的调解情境模式的情况。分为四个维度：低强度或者高强度的冲突类型；合作或者竞争的当事人之间的关系；紧密或者灵活的环境；公开或者隐蔽的争议过程。这些维度结合起来，决定不同的调解中介过程和策略，进而影响结果。

第二，Zariski（2010）研究了调解理论矩阵。在感知、情感、认知、沟通、干预五个行为焦点方面，结合宏观、中观、微观三个层面进行探究。

（三）调解能力

调解员应该做一个非常优秀的沟通者，分析能力要强（Zariski，2010）。Poitras（2010）等学者使用混合方法，设计建立了关于调解能力的量表（Poitras et al.，2010）。Poitras（2010）等学者通过对加拿大一所学校的学生进行访谈和问卷填写的方式，对调解员的管理能力进行了分析，分为四个方面：认知能力、情感能力、行为能力和态度。

人民调解——这种中国特有的调解制度形式，学者们主要是从人民调解员的能力素质基础来探究它的前因变量。人民调解员要具有较强的法律常识、心理技巧和调解技能，还要具备较高的社会责任感、正义感，要有中立的态度，要能够换位思考，要有同理心，从而弘扬社会正能量，树立正确的核心价值观（刘跃新，2017；濮苏安和赵维刚，2015；《法制日报》，2017）。

（四）调解策略

调解员会选择他们要使用的技术或者策略。过去十几年的研究表明，调解员大约有 100 种技术性的选择。研究人员从概念、经验上对重叠的策略和相近的策略进行了合并，把它们归类为 20 多个（Wall & Dunne，2012）。由于 20 多个策略有的非常相似，Wall 和 Dunne（2012）又将 20 多项调解战略整合为六大类：施加压力、中立、关系、分析、澄清、多功能（Wall & Dunne，2012）。

在人民调解员的调解策略选择上，张富丽（2014）将其分为煽情、劝说、质问等。但值得注意的是，应避免因刻意煽情而进行挑拨的策略、因过分强调和解而逾越法律底线的策略。

（五）调解结果

Wall & Dunne（2012）统计，过去十年来的有关文献至少有 350 篇文章表明，调解已经被应用到许多领域之中。在国际关系、环境、学校、离婚、组织、消费、性骚扰、心理健康、债务、保险、合同纠纷、不法行为、刑事和解、税务、纠纷等领域，调解正在被重新发现、描述和命名（Wall & Dunne，2012）。调解的结果，最愿意看到的就是调解成功，双方或者多方当事人握手言和，达成和解。

第一，调解成功率。Wall & Dunne（2012）在研究中指出，目前的文献表明，有效调解占到多数。在 1990 年之前的研究中报告的成功率大约是 60%，1990 年到 2000 年十年报告的平均成功率是 75%，我们最近十年的研究与这一比例差不多，调解成功率是 80%。需要特别指出的是，在破产调解中成功率大概是 75%（Wall & Dunne，2012）。

第二，减少法庭诉讼案件和案件过载。几项研究已经表明，调解可以减少法庭诉讼案件和案件过载。比如，在离婚调解中，孩子们从中受益，因为调解减少了他们之间的敌意，他们的父母会达成更有利于他们的协议（Wall & Dunne，2012）。

第三，调解比判决更容易执行。一些文献也表明，当事人从调解中获得了一些具体的满足，原因是调解更便宜、更快以及更持久。除了这些好处之外，相较于其他的冲突解决方式，当事人还发现，调解的过程能够净化并改善他们的关系。同样重要的是，当事人通常会看到调解过程的公平和一个提高和解的动机来解决他们的问题。由于上述的好处，调解达成的协议往往比法庭判决更容易执行。

第四，帮助调解员自身获得个人的满足感。调解员主要从争端的解决中得到他们想要的结果。也就是说，成功地解决争端可以帮助他们获得个人的满足感、社会威望和更多的调解工作（Wall & Dunne，2012）。

（六）调解及人民调解的小结

现在，调解应用在社会的各种环境、各行各业。调解不仅用于标准的劳动管理、商业国际和婚姻冲突，还有社区、民事法庭、组织内部、维持和平、预防犯罪和儿童权益纠纷等。在中国这种更集体化的文化中，更加强调和谐，人民调解员的工作更为主动。在美国等个人主义文化中，更多地强调纠纷对社会的代价，由此产生第三方调解。正式的调解实践存在于中国、日本和韩国等国家和地区。同时，我们还惊喜地发现，大多数欧美国家也已经发展建立了正式的调解中心。因为调解的好处显而易见：

能够降低法院案件的诉讼数量，在不伤害感情的情况下化解当事人之间的矛盾，并且快速、高效、易于执行（Wall & Dunne，2012）。

在正式调解机构存在的情况下，调解更容易发生。当事人期望调解员有达成和解目标的能力，能够减少性别歧视、减少暴力、改善当事人之间的关系，通过沟通达到社会正义。正式调解机构中的调解员会更多地寻找方法、依靠规则、依靠法律先例和个人权利，利用自己的社会资本，组织多方力量对双方当事人或多方当事人进行多元化调解工作。相反，当没有正式调解机构时，调解员可能会变得不那么自信，也会受更多的约束（Wall & Dunne，2012）。

尽管调解能够取得好的效果，受到空前的关注，但是，关于调解的研究还是一个零散的、零碎的研究。所以，当前最现实的问题是，调解无现成理论，调解员缺少理论的指导。我们更应该关注的是，现有的培训项目是否足以支撑他们现在的调解工作。然而，尽管经过了很多努力，但似乎很多调解员都几乎没有真正接触过理论，因此我们现在做的工作就很有必要了（Wall & Dunne，2012）。

二、服务型领导

领导是在一定条件下为实现组织目标而对组织内群体或者个体实施影响的过程（Northouse，2001）。领导者对领导方式的选择很大程度上是依据所处的系统、行业背景和文化习俗背景，并非完全由个人意志决定。我们在访谈中发现，一个人民调解委员会的主任会对整个人民调解委员会起到很大的作用。例如，昌平区某人民调解委员会主任就谈到，自己本身要亲自对矛盾纠纷进行调处，还要带动大家的工作热情和服务意识。由于人民调解工作的独特性，他要求自己要设身处地服务于人民调解员，服务于当事人，同样，自己把这种服务意识也带给了本人民调解委员会的其他人民调解员。而对于接受人民调解委员会主任管理的人民调解员来说，人民调解委员会主任不仅了解法律常识、知晓心理技能、了解调解业务，在人性上的闪光点更突出，对于当事人和团队内其他人民调解员的关心、照顾和服务，也使得人民调解委员会主任更具吸引力。他们会主动以人民调解委员会主任的服务意识和行为来要求自己，使自己在工作上与人民调解委员会保持一致的方向和步伐。可见，人民调解委员会主任的服务型领导风格是自我选择、社会背景、文化环境、工作要求共同作用的结果。

（一）服务型领导的概念界定

服务型领导（servant leadership）又称为仆人型领导、公仆型领导等，是组织行为学领域新涌现出的一个领导类型，并且逐步成为学术界的研究热点（Dierendonck，2011）。服务型领导是随西方工业革命以后领导理论的发展而兴起的人性化领导方式，最早由 Greenleaf（1970）在《领导即服务》一文里面提出。他认为，伟大的领导者首先应是一名服务者，把服务他人、服务组织、服务社会置于自身的利益之上，一个人身上能够同时体现"领导者"和"服务者"这两种角色，并把"服务"作为其身上的核心特征，而且生存得卓有成效。针对此定义，20 世纪 90 年代以来，国内外学者对服务型领导的定义进行了各种解读。Graham（1991）认为，服务型领导者是谦虚地服务员工，而不是反向地希望员工服务于他，重点关注的是组织内外被服务者的最优先需求。Spears（1996）则从认知的角度出发，认为服务型领导强调的是领导者应当尊重下属的价值和尊严，善于进行资源的分享，授予下属发展的机会，并且愿意长期成为服务者。Laub（1999）也认为，服务型领导是领导者把追随者的利益置于个人利益之上，服务型领导会为了实现组织利益和团队中他人利益而自愿分享其地位和权利。Hunter（2004）提出，服务型领导是为了使员工有共同的奋斗目标而充分发挥领导的能力，并且使自己的领导能力得到员工的充分信任，因此服务型领导的核心是充分发挥自己作为领导的影响力，为他人的利益着想，努力实现他人的目标。本研究采用的是此定义。

表 2-1　服务型领导定义

研究者	年份	定义
William	1994	将注意力从自身转移到其下属身上的领导活动
Weinstein	1998	将注意力从自身转移到其下属身上的领导活动
Laub	1999	将下属利益放在自身利益之上的实践活动与认知行为，领导者为了组织中的个体利益、组织整体利益以及顾客利益而分享权力和地位
Page & Wong	2000	将服务他人作为领导的主要目的，通过满足他人的利益，促进他人发展，从而完成目标和任务，实现共同利益的领导方式
Patterson	2003	关注下属，将下属利益放在首要地位、组织利益放在次要地位的领导风格
Hunter	2004	服务型领导是为了使员工有共同的奋斗目标而充分发挥领导的能力，并且使自己的领导能力得到员工的充分信任，因此服务型领导的核心是充分发挥自己作为领导的影响力，为他人的利益着想，努力实现他人的目标

（二）服务型领导的维度与测量

Spears（1998）借鉴 Greenleaf 的研究，提出了服务型领导者最显著的十个特征。在服务型领导者的成长过程中，这十个特征起着关键的作用，包括"善于倾听、有同情心、善于抚慰心灵、自我认知、有说服力、有全局观念、有远见卓识、有管家精神、愿意培养他人、建设社区等"。Laub（1999）构建了一个领导行为评估模型，从领导者尊重员工、帮助员工发展、参与社区建设、坦诚待人、领导员工以及分享领导权六个方面计量服务型领导行为，该量表由 66 个计量项目组成。Page 和 Wong（2000）提出服务型领导由四个维度构成：特征维度（领导者的个性特征，如正直、谦逊、乐于为人服务）、关系维度（领导者与员工的关系，如关心他人、授予他人权力、帮助他人发展）、任务维度（领导者的工作任务，如构思愿景、确定目标、领导）和过程维度（领导者影响组织绩效的方式，如树立榜样、团队建设、分享决策权）。在这之后，Russell 和 Stone（2002）、Dennis 和 Winston（2003）、Sendjaya（2003）等学者也提出了自己的理论观点。Dennis 和 Winston（2003）收集了 529 份有效问卷并对数据进行主成分分析，得到 20 个项目组成的服务型领导量表，由授权因（Empowerment）、服务因（Service）、远景因（Vision）三个维度组成。之后 Dennis 和 Bocarnea（2005）开发了具有五个维度（授权、大爱、仁慈、信任和愿景）的服务型领导量表。Russell（2011）提出，服务型领导应该具备"服务他人、树立愿景、信誉、信任、以身作则、开拓进取、欣赏他人、合理授权"等特征。汪纯孝等（2009）学者设计并检验了中国情境下的企业服务型领导的量表，得出了服务型领导的十一个维度：尊重员工，关心员工，帮助员工发展，指导员工工作，构思愿景，平易近人，甘于奉献，清正廉洁，开拓进取，承担社会责任和授权。高中华、赵晨（2014）在国内外学者研究的基础上，开发了一个适合中国情境的 7 题项量表。

Barbuto 和 Wheeler（2006）、Liden 等（2008）分别通过对"管理者—员工"配对样本数据进行分析，前者的研究成果得出服务型领导的五因素结构（利他主义、情绪抚慰、智慧启迪、说服引导、社会责任）；后者 Liden（2008）归纳出了服务型领导包括"概念技能、授权、帮助下属成长和成功、把下属放在第一位、行为道德、情绪抚慰、为社区创造价值"七个维度并开发出具有 28 个题项的量表，后又据此提出 7 个题项的全球服务型领导量表（简版）（SL-7）。Liden 等（2015）发现 SL-7 和 SL-28 间高度相关，并且他们比较时采用的样本包括来自中国、新加坡等华人社群的样本。这些发现表明，SL-7 的效度很好，并且 SL-7 很适用于想要测量不同国家的服务型领导的学者。

表 2-2　服务型领导测量量表

名称	研究者	维度	题项	α
OLA	Drurg 等 2004	6	66	0.98
	Page 等 2000	12	99	0.89
	Dennis 2003	3	41	0.89 0.97 0.94
SLBS	Sendjaga 2005	6	35	0.96
SLAI	Dennis 2005	5	42	0.91
MMSL	Liden 2008	7	28	0.96

（三）服务型领导的前因变量

领导权变理论认为，并不存在普遍适用的领导风格或领导方式，领导风格的有效性不可避免地会受到情景因素的影响。服务型领导也是如此。领导行为具有很强的文化方面的异质性，不同的文化背景会导致领导的内涵和效能会产生很大的变化和差异。领导者对其领导方式的选择，在很大程度上会反映其所处的文化背景，而非完全由个人的意志所决定。

Greenleaf（1970）最初提出服务型领导这一概念。他认为，服务型领导是一种超越领导者个人利益的领导方式，伟大的领导者都会把服务他人、服务组织、服务社会置于自身的利益之上，其核心特征就是"服务"。服务型领导强调"服务他人"并且身体力行，把下属的需要、愿望和兴趣放在最为优先的位置（Greenleaf, 1970）。通过向下属提供榜样示范和必要的指导培训，服务型领导者"服务他人"的特征会传递至下属身上，使下属成长为"服务型员工"（Greenleaf, 1970）。

有别于以往以组织福祉为终极目标的领导风格，服务型领导真正关心的是领导者要为追随者提供服务（Greenleaf, 1970）。服务型领导身上具有公仆的特质，包括使命感、共情、谦逊和博爱等（Sun et al. , 2014）。相比于其他类型的领导风格，服务型领导本身就是一种无条件服务下属的自我激励行为。Ng 和 Koh（2010）也指出，具备自我提升和自我超越的价值观是成为服务型领导的必要条件。

（1）种族。Washington（2006）等人在美国所做的研究表明，有非洲血统的美国领导者相较于白人领导者会表现出更多的服务型领导行为，种族与服务型领导之间的相关性较高（r = 0.36, p <

0.01）。而在他们之前的研究都显示，种族与服务型领导行为不相关。为了化解这一矛盾，他们随后对出现这一结果的原因进行了分析，认为以前的研究之所以没有显示出种族与服务型领导之间的相关性，原因在于，之前的研究主要是在同种族的情境下进行的，几乎没有出现被试样本是跨种族的情境。同时，也可能是非裔美国人与白人之间的文化差异造成了这一结果。相较于美国白人社会，非裔美国人的社会人际关系更加紧密（Collins & Gleaves, 1998），由此使得非裔美国人更加愿意去服务他人。

（2）价值观与人格特质。Washington（2006）等人发现，不仅种族会影响领导者的服务行为，而且领导者的价值观与人格特质也会对其服务型领导行为产生影响。领导者价值观中的移情（Empathy）和正直（Integrity）两项与服务型领导呈正相关。移情使领导者能从下属的角度来考虑问题，正直能够促进领导者与下属之间的信任，增加其实施服务行为的概率。领导者人格中的"宜人性"（Agreeableness）对其服务型领导行为有重大影响，原因在于"宜人"的领导更加愿意帮助与关心他的下属（Costa & McCrae, 1985），而这与服务型领导的内在要求不谋而合，从而促使了服务型领导行为的产生。

（3）自主性（Self - determination）。Van Dierendonck 等人（2009）的文章指出，自主性是领导产生服务型领导行为的关键因素，其原因在于自主性来自对胜任、自主与关系三种基本心理需求的满足。这三种心理需求分别是感受到自己是有能力可以胜任的、感受到自己和他人的联系以及感受到自己是有自主权的。当这三种心理需求得到满足后，领导会更好地使用自己的个人资源来和他人建立良好的关系以及帮助他人建立自主性。因此，自主性更容易促使领导者产生服务型领导行为。

（4）文化因素中的仁慈导向（Humane orientation）因素。根据 Kabasakal 和 Bodur（2004）的定义：仁慈导向是指在一国文化中"社会或组织鼓励和奖励个体保持公平、无私、友好、慷慨以及关心他人的程度"。根据 Van Dierendonck（2011）的研究发现，当社会中的仁慈导向这一文化特征较为突出时，这个社会中的个体更加愿意关心他人、对他人友好以及更能容忍他人的错误。因此，仁慈导向较为突出的社会相较于仁慈导向不突出的社会更容易出现服务型领导行为。

（四）服务型领导的结果变量

针对服务型领导的结果变量的分析，可以简单地分为两类：个体层面和团队层面。

（1）个体层面

Liden 等（2008）发现，个体层面的服务型领导（即下属感知到的服务型领导）相较于变革型领导和领导成员交换（Leader-Member Exchange，LMX），对结果变量的解释作用会更强。因此，员工更容易受到服务型领导的影响。Liden（2008）还认为，服务型领导维度中的"帮助下属成长和成功"这一维度可以提高下属的组织承诺和工作绩效。另外，Liden（2008）等人还通过采用新开发的 MMSL 量表对服务型领导与下属的绩效进行了研究。在控制了变革型领导、领导与下属交换两个变量之后，多元层次回归结果显示，服务型领导对下属绩效的变异解释量为 5%（$p<0.01$），并且下属绩效主要是受到服务型领导中"遵守道德"这一维度的影响。

Grant（2008）根据社会学习理论指出，服务型领导可以通过树立行为榜样来激发下属的亲社会动机，从而使下属获得高水平的工作热情。而 Reinke（2004）也通过研究指出，服务型领导和领导成员之间的信任水平呈显著正相关关系。现有的研究在关注服务型领导对追随者的影响时看到了三个方面的结果：自我实现（追随者的心理需求、自我提升）、积极的工作态度（工作满意、组织承诺、授权、工作投入等）以及绩效（组织公民行为、团队效能、任务绩效、服务绩效）（Van，2011）。

新的研究发现，服务型领导可通过一系列中介机制影响下属服务绩效（凌茜，汪纯孝，2012；Chen，Zhu，&Zhou，2015；Liden，Wayne，Liao，& Meuser，2014）。Liden 等（2014）就指出，服务型领导不仅创设出融洽的工作氛围，而且服务型领导也与绩效有关的结果变量呈正相关。Chiniara 和 Bentein（2016）还通过实证研究揭示了个体层面的服务型领导通过满足追随者心理需求，进而使得追随者的组织公民行为、任务绩效均得到显著提升。

（2）团队层面

在团队有效性和团队绩效方面，Mahembe 和 Engelbrecht（2014）指出，服务型领导通过组织公民行为可以显著提高团队有效性。也有研究表明，知识共享氛围在服务型领导与团队绩效之间可以起到中介作用（Songet al.，2015）。Sousa 和 Dierendonck（2016）认为，团队共享服务型领导通过整合团队成员行为，进而提高整个团队的绩效。在承诺和绩效方面，服务型领导还可以显著提升团队承诺（Dannhauser et al.，2006）和团队效能（Irving，2004）。

Irving 和 Longbotham（2007）通过使用 Laub 的 OLA 问卷，以企业、教会、非营利组织为样本，研究了服务型领导与团队效能（Team effectiveness）之间的关系。结果显示：企业中服务型领导与团队效能之间的相关性高于两者在教会与非营利组织中的相关性。这说明服务型领导是团队效能的重要预测源。

Walumbwa 等（2010）研究表明，团队服务型领导水平与个人组织承诺、自我效能及组织公民行为之间呈显著正相关。同时，服务型领导还可以提高员工工作绩效、工作满意度以及员工对领导的信任度，降低反生产行为和员工工作倦怠，从而为组织带来更大的效益（王博艺、顾琴轩，2012）；而且服务型领导也可以满足下属的自主性和成长需求（朱玥、王永跃，2014）。有些学者进一步对服务型领导和家长式领导进行了比较，结果是家长式领导行为能显著提高员工的工作绩效，而服务型领导行为能够显著地提高员工的工作满意度（于海波等，2014）。

（五）服务型领导的小结

服务型领导是超越领导者个人利益的一种领导方式，强调的是"服务他人"并身体力行，把下属的需要、愿望和兴趣放在最为优先的位置（Greenleaf，1970）。通过向下属提供榜样示范和必要的培训指导，将服务型领导者"服务他人"的特征传递到下属的身上，使下属也成长为"服务型员工"（Greenleaf，1970）。基于对服务型领导的文献梳理发现：现阶段，服务型领导行为对员工（下属）的影响的研究主要还停留在员工（下属）的心理因素层面（如下属的信任、工作满意度、组织承诺等），而对服务型领导行为对员工（下属）行为带来影响的研究还比较少。

尽管领导风格有很多种，但是在人民调解员的调解工作情境中，人民调解委员会主任与调解委员会内的人民调解员共谋愿景，主任支持人民调解员的工作，提供人民调解员所需要的各种服务，把人民调解员的利益置于自身的利益之上，寻求的不是自己被服务，而是去服务别人，他们把领导职位看成是帮助、支持和协助他人的机会，能够满足人民调解员的自主、成长需求，从而提高人民调解员的工作积极性、主动性，帮助人民调解员也成长为服务者，从而使整个组织受益。可见，这种领导风格可以界定为服务型领导，人民调解委员会的服务型领导风格是符合人民调解工作的领导方式，在人民调解委员会主任的服务型领导下，人民调解委员会主任和人民调解员树立共同的目标和期许，服务于当事人，努力做好人民调解工作。

三、工作激情及和谐工作激情

人民调解员的工资水平偏低，每月收入只有 2000 元人民币左右。他们面对纷繁复杂的调解案件，需要进行耐心细致的工作，需要付出旁人难以想象的努力，工资水平、社会地位与实际付出明显不成比例。那究竟是什么让人民调解员能够保持着如此高的兴趣，热衷于从事人民调解工作呢？工作激情在其中起着很大的作用。

2017 年 6 月 26 日出版的《法制日报》刊登了这样一组数字：仅 2016 年，中国大陆人民调解组织共化解婚姻家庭纠纷 175 万余件，邻里纠纷 229 万余件，损害赔偿纠纷 75 万件，房屋宅基地纠纷 62.4 万件，合同纠纷 40.71 万件，征地拆迁纠纷 20 万余件。同时认真做好矛盾纠纷排查预防工作，2016 年共排查矛盾纠纷 301.4 万次，预防纠纷 187.8 万件，防止民间纠纷引起自杀 7667 件，防止因民间纠纷转化为刑事案件 26436 件，防止群体性上访 46050 件，防止群体性械斗 10017 件。2023 年 11 月 23 日出版的《法治日报》介绍，2022 年，全国人民调解组织调解各类矛盾纠纷 1494 万件（含人民法院委派委托调解成功 675 万件），最大限度地把矛盾纠纷吸附在当地、消除在萌芽，有力维护了群众合法权益。从中可以看出，除了被动调解，人民调解员还会主动出击，积极排查预防矛盾纠纷，比如，防止自杀、防止纠纷转化为刑事案件、防止群体性上访事件、防止群体性械斗等。这些工作完全是人民调解员主动出击进行预防化解的，并不真正属于人民调解的工作范畴。正是因为人民调解员热爱人民调解工作，愿意为社会的和谐稳定尽自己的力量，拥有较高的和谐工作激情，才会有这些积极的行为并取得良好的效果。

（一）工作激情及和谐工作激情的概念界定

心理学家和哲学家对"激情"概念关注已久，认为激情是对人们偏好行为的一种强烈倾向（Vallerand et al.，2003），认为它是一种个体健康关系组成部分（Seguin-Levesque et al.，2003）。社会心理学家 Vallerand（2003）等将激情定义为"对人们偏好行为的一种强烈倾向，他们认为它很重要，并且愿意投入时间和精力"。

20 世纪末期，Vallerand（2013）等从积极心理学的角度界定激情，认为激情是使生活更加有意义的重要因素之一；提出激情是个体对一项喜欢（甚至热爱）、感觉重要（或极具价值）、需要投入时间和精力的活动所具有的一种强烈的倾向或意愿，这项活动会成为个体自我认同的一个核心特征。

Vallerand 和 Houlfort（2003）将一般激情的概念引入工作情境。工作激情是人们愿意在工作中投入时间和精力的强烈倾向，对工作场所中倦怠、创造力、幸福感、绩效等具有良好的解释力。指出工作中的激情是组织成员对一项工作的强烈倾向或意愿，个体对这项工作喜欢甚至热爱、认为很重要、愿意投入时间和精力，并将这项工作视为自我认同的一个核心身份特征。特别是在组织情境中，人们会在工作中体验到个体价值和意义，具有强烈积极情绪、内在驱动及认为参与工作很有意义，发自肺腑地热爱工作，愿意在工作中投入时间和精力（Birkeland & Nerstad，2016），这种承载价值观的情绪体验即被认为是工作激情。

Vallerand 等（2003）提出了著名的"激情二元模型"（dualistic model of passion，DMP）。激情二元模型提出，激情具有相应的两种形态：和谐型激情（harmonious passion）和强迫型激情（obsessive passion）。二者可以用一个标准进行区分，即个体认同内化的方式。和谐型激情指的是个体自由参加自己热爱行为的强烈愿望，对和谐型激情个体而言，行为是完整自我结构的一部分，与生活其他方面和谐匹配。强迫型激情则代表了一种无法控制的、参与行为的强烈要求，虽然行为也是个人认同的一部分，但更多的是遵循自我保护目的的例行公事行为。在工作情境中，和谐型激情伴随着自觉自主的工作内化，个体因为工作本身的特质（如挑战性）自由，自愿地将工作视为重要的、有意义的，是个体自身的选择而不是迫于压力或受到产出的引诱（如社会认同）。强迫型激情则遵循工作中的控制内化，与迫使个体投入工作的内在压力有关系，是为了维持声望或自我价值，促进员工产生行动。

（二）工作激情及和谐工作激情的前因变量

前因变量分为个体层面、团队层面、组织层面。

（1）个体层面

第一，基于自尊、自我认同维护的压力及诉求，个体相对更容易形成强迫型激情（Mageau et al.，2011）。显性自尊水平更高的个体实施更多适应性自我调节战略，致使他们更容易产生和谐型激情；隐性自尊水平低的个体更具防御性和更脆弱的自我意识，更易产生强迫型激情。

第二，可控性感知。在工作情境中，个体可控性感知能导致和谐型激情（Collewaert et al.，2016）。激情变化的纵向研究揭示了企业家可控性感知对激情的影响。他们认为，随着时间的流逝，企业家激情会逐渐消退。

第三，目标追求。基于监管模式理论探讨了个体如何追求目标实现的路径，用激情的两种形态解释了员工压力和倦怠产生机制（Bélanger et al.，2015）。他们认为，个体在实现目标过程中，会遵循两种模式：行动导向和评估导向。行动导向是不对新状态进行价值预估，而是直接由当前状态转向新的状态，这种模式将导致和谐型激情；评估导向是个体先对当前状态和新状态的价值进行评估和比较，这刺激了对预期结果可能性的外生体验和非自主性动机，将导致强迫型激情。

（2）团队层面

Afsar（2016）进行了一项领导力和员工个体环境行为的整合研究，认为灵魂型领导行为会触发个体内在动机及激情，并进而导致个体产生亲环境行为。他们提出从灵魂型领导弥散到组织层面的工作精神会促使个体产生激情，即个体激情会受到领导行为和组织的支持和影响。

（3）组织层面

工作自主性是工作激情的影响因素，能正面预测和谐型激情、负面预测强迫型激情（Fernet et al.，2014）。Liu（2011）等学者认为，工作场所的自主性支持能提供给员工自我决定的自由意志，让他们可以自我决定和寻求机会，根据个体目标和兴趣而不是外界控制和约束来选择自己的行为，更容易将对工作的态度自主内化为个体价值观，有助于和谐型激情的形成。

（三）工作激情及和谐工作激情的结果变量

结果变量分为个体层面、团队层面、组织层面，每个层面又进行了细分。

（1）个体层面

第一，内隐体验。

①个体情绪/幸福感。Verner-Filion（2012）等学者探讨激情在情绪预测精度中的调节作用，发现和谐型激情对积极或消极情绪都有更高的预测精度，而强迫型激情则不是一个显著的调节因子；个体瞬间情绪状态如何要看人们哪种激情被激活，这意味着考察个体情绪状态不仅要关注个体激情本身，关注和谐型激情可能更有意义。概括起来，和谐型激情在积极情绪的预测以及预测精度上要优于强迫型激情，后者则与积极情绪呈负相关或者不相关。Schellenberg 和 Bailis（2015）提出和谐型激情对幸福感的影响机制可以叠加和交互，而这些体验不受该行为的时间差异影响，印证了激情对幸福感及其内部成分的交互作用。

②卷入/沉浸体验。和谐型激情员工在工作中专注力和认知参与度更高，往往工作表现更出色；强迫型激情员工则与工作认知注意力呈负相关，不容易形成高卷入的认知参与感（Ho et al., 2011）。

③职业倦怠。Fernet（2014）等学者通过纵向实证研究揭示了工作激情与职业倦怠的关系，认为激情是解释职业倦怠的动机因子。强迫型激情对情绪衰竭和人格解体都存在显著非直接效应，并进而影响个体职业倦怠体验。

④个体组织认同。Kong（2016）研究发现，和谐型激情与组织认同呈正相关，在高正念和低正念个体中均能导致组织认同；而强迫型激情与组织认同却受到正念的调节，即低正念个体的强迫型激情与组织认同呈正相关，高正念个体却不显著。

第二，外显状态与行为。

①生理健康。St-Louis（2016）等学者进行了一项激情对个体身体健康及主观幸福感的综合研究，发现和谐型激情与满意

感、健康状态呈正相关；强迫型激情则与参与活动中身体损伤的体征呈正相关，其中的传导机制为"自我忽视"，并且因为在行为中反复思虑而与创伤之后的应激障碍（post-traumatic stress disorder，PTSD）存在着相关性。

②个体创造力。工作激情有助于形成创造力。工作激情高的个体更愿意提升自己探索知识的认知能力，具有更强烈的自我实现感知；当他们应用现有知识实现职业支持时，会促发自我认同，由此具有更高的创业意向（Clercq et al.，2011）。

③工作—家庭冲突。Caudroit（2011）等学者考察了激情对工作—家庭冲突及闲暇活动的作用，发现和谐型激情和强迫型激情对工作—家庭冲突及闲暇活动的影响存在差异，和谐型激情与工作—家庭冲突呈负相关，而与闲暇活动行为呈正相关；强迫型激情则因为增加了工作时间相应地减少了留给家庭和私生活的时间，容易造成更多的工作—家庭冲突。

④反常行为。Gousse-Lessard（2013）等学者将激进行为理解为个体实现某一特定目标同时不利于另一个有价值目标的路径机制，与主流行为相比，激进行为是一种反常行为。强迫型激情往往倾向于激进的行为方式，而和谐型激情个体不会不计成本地实现目标，其行为方式往往是主流和常规的。

⑤粗暴行为。鉴于强迫型激情对粗暴行为的指向性，Birkeland & Nerstad（2016）考察了强迫型激情与工作场所粗暴行为的关系。纵向实证研究表明，强迫型激情代了一种机能失调的激励力，可能导致一些负面情绪，如失礼、自负、耻辱，可以考虑为工作场所粗暴的前摄因素；并且这种关系不会随着时间的变迁发生改变，而是保持相对恒定。

（2）团队层面

第一，表露和感染。

工作场所中，企业家激情不仅会持续性地停留在企业家个体层面，还会由于企业家的激情展示感染组织中的其他员工（Cardon et al.，2008）。按照是否展示正面、负面情绪，可以分成自负型企业家、开放感染型企业家、封闭型企业家以及恐吓型企业家，企业家激情展示会通过下属模仿的感染过程引致员工产生类似表现。Cremer & Ouden（2009）也通过实验研究发现，强化激情的概念使得参与者更能接受公平理念，激活个体工作激情会使人们更关注事态处理的方式。组织中的当权者展示工作激情，会使下属产生更多的密切跟进行为；而激情与公平的联系也会导致人们更强烈地对程序规则披露做出行为反应，当权者激情展示对其与跟进者行为反应存在显著调节效应。既往研究大多探讨单一层面激情的影响，这两项研究却揭示了工作激情在人际交互中的效应，赋予了工作激情横向弥散的动态机制。

第二，人际关系维护。

在人际交往中，和谐型激情个体的亲密关系比强迫型激情个体的亲密关系具有更高水平的自我决定动机，人际关系质量也更高（Seguin-Levesque et al.，2003）。Richie（1997）等学者基于扎根理论，用半结构化深入访谈的方法进行了一项美国黑人和白人女性职业发展的定性研究，发现对工作充满激情的职场女性主要是依靠内在高标准去评价成功，并十分关注任务和关系的平衡；她们与他人保持联系，对自己的地位有清醒的认识，并致力于通过自身努力创造更加公平的环境为妇女和美国黑人提高工作条件，对工作充满激情的女性更加关注人际关系和职业定位。Jowett（2012）等学者考察了行为激情对人际关系的影响，发现和谐型激情个体充分考虑与他人的关系，参与行为开放性和灵活性更高，致力于在维护和提高关系质量上投入必要的时间和精力，更能预测适应性人际关系状态，并与人际关系满意度呈正相关而与人际冲突呈负相关。和谐型激情个体更注重人际关系的维护，并更具有良好人际关系的适应性，已得到大多数学者的认可。但是，人际关系对工作激情的影响，目前有关文献却没有提供系统解答。

第三，团队目标设置。

Thorgren 和 Wincent（2013）基于自我决定理论及目标设置理论探讨激情与挑战性目标的关系，进行了一项跨层研究。他们发现，在项目情境中，领导者的和谐型激情和强迫型激情都会加速团队的目标设置过程，因其增加了目标设置过程的相似性从而降低了目标设置的难度和挑战性。这对激情在工作场所的实践效应以及经典目标设置理论的内涵是很有意义的补充。

工作激情作用于团队层面影响的文献相对较少，作用于团队氛围、团队凝聚力、团队绩效、团队创新等团队层面的结果变量尚存在很大的研究空间。此外，由个体到团队、由团队到个体的跨层研究难度较大，作用机理也更复杂，甚至存在多重交互作用（Liu et al.，2011），这可能也是学界对这一命题有所回避的原因之一。

（3）组织层面

第一，投资决策。

Chen（2009）等学者将工作激情与商业计划的准备状态作了对比，发现在商业计划展示的情境中，激情这一概念由两个相区别却存在联系的元素构成——描述情感的"激情"和描述认知的"准备状态"，前者可以通过面部表情、肢体动作、语音音调及其他非语言因素呈现出来，后者则从展示的语言实质内容体现出来。通过质性研究、实验研究及场域研究发现，准备状态对风险投资决策有显著影响，而情感成分激情的影响却并不显著。这项研究的创新之处在于，与激情二元模型不同，并没有关注和谐型和强迫型等动机因素导致的激情类型差异，而是在对构成的认知及情感成分剖析的基础上，对比其对投资决策的影响，视角比较新颖独特。然而这种划分在可操作性上可能不如激情二元模型便于展开讨论，后续研究还存在跟进余地。

第二，创新。

领导者创新行为是组织创新的重要表现形态。学者们大多认同激情会导致更多的创新努力行为（Chen et al.，2009），并对绩效产生积极效应。但二者的作用机制却存在差异：和谐型激情同时通过动机通道和情感通道作用于认知机制进而影响创新性绩效；强迫型激情仅通过动机通道作用于认知机制从而影响创新性绩效（宋亚辉等，2015）。

第三，绩效。

工作激情有利于正面促进组织绩效。Siren（2016）等认为CEO变革型领导行为对公司绩效有直接作用，而和谐型激情作为调节变量会强化二者关系，强迫型激情则不然。Ho and Pollack（2014）从社会网络特征角度研究了企业家激情与财务绩效的关系，发现在社会网络中，和谐型激情企业家具有较高特征（如更倾向于寻求伙伴探讨工作问题），会增加公司财务绩效；而强迫型激情企业家具有较低特征（如他们不愿意被人接近），会导致公司财务绩效减少。

（四）工作激情及和谐工作激情小结

在人民调解工作环境中，人民调解员的主动性比较强，在一般矛盾纠纷中，人民调解员可以自己选择调解策略、技巧并加以实施。研究证明，工作场所的自主性支持能提供给员工自我决定的自由意志，能让他们可以自我决定和寻求机会，根据个体目标和兴趣而不是外界控制和约束来选择自己的行为，更容易将对工

作的态度自主内化为个体价值观，有助于和谐型激情的形成
（Liu et al.，2011）。

工作激情是人们愿意在工作中投入时间和精力的强烈倾向，对工作场所中倦怠、创造力、幸福感、绩效等具有良好的解释力。人民调解员是极具工作激情的，哪怕收入微薄，社会地位不高，付出的努力与回馈不成比例，人民调解员还是发自内心地喜欢、热爱人民调解工作，并且把它内化为自己的一种责任、义务，愿意付出自己的时间、精力，不仅对找上门来的矛盾纠纷进行调解，还在工作生活中积极发现矛盾隐患的苗头，主动地去预防化解。

Vallerand 等（2003）提出了"激情二元模型"（dualistic model of passion，DMP），认为激情具有相应的两种形态：和谐型激情和压迫型激情。对于人民调解员来说，和谐激情较为显著，他们自觉自愿地为人民调解工作付出努力，将人民调解工作与自我进行了融合并和谐匹配，这在前期访谈时所收取的部门问卷中有所体现。而压迫工作激情则主要是遵循工作中的控制内化，与迫使个体投入工作的内在压力有关系，是为了维持声望或自我价值，这在访谈及预调查中并不显著，所以，本文在工作激情中，只考虑和谐工作激情这一变量。

四、自我效能感及道德自我效能感

可以说，每个人对这个世界有着独特的看法，就像 Shakespeare 所言，一千个读者眼里有一千个哈姆雷特。由于每个人的成长经历、家庭环境、性格特点、个人喜好不同，在面对问题时的眼光、角度和注意力就会有所不同，即使面对同一事物也会产生不同的见解，进而影响自身的行为方式。如何在人民调解中，把眼

光不同、角度不同、价值观不同甚至是完全对立的双方当事人或者多方当事人，通过人民调解工作引导到正确一致的方向上，这就需要人民调解员自身对于人民调解工作的成功有极强的信念、信心，拥有自我效能感。自我效能感是一种个体对于成功取得创新成果的信念，也是个体决定从事某些创新活动的信心基础（Tierney & Farmer，2002）。在人民调解工作中，自我效能感很重要。人民调解，要做到化解一个矛盾，教育一批有类似问题的当事人，化解一批有类似情况的纠纷，这就涉及道德自我效能感。人民调解员在人民调解工作中，需要解决的是冲突，但不能止步于此，人民调解员还要有信心通过化解矛盾，把自己正确的价值观、高尚的道德情操、积极的生活态度传递给双方或者多方当事人，从而把当事人的价值观引导到正确的道路上，让当事人和自己一样，成为一名拥有高尚道德情操，对家庭、社会都有价值的人。在这一过程中，人民调解员自身也能获得较高的组织公民行为及反馈寻求行为。

（一）自我效能感及道德自我效能感的概念界定

20 世纪 70 年代初，理论界及实践界开始关注以人力资本和社会资本为基础，以个人的积极心理状态为内在的积极心理资本（李永周等，2015）。美国心理学家 Bandura 在 1977 年第一次提出了自我效能感理论，即个人对影响生活的事件进行控制的信念。Bandura（1977）认为，预期是个人认知与行为的中介，因此决定了行为；自我效能感被认为是对个体自身在某个特定情境中是否具有能力控制行为的一种预期，从而改进和控制个体的思维模式、情绪过程、动机和行为，是积极心理资本的中心概念。在Bandura（1977）理论的基础上，Stankovic 和 Luthans（2003）在组织范畴领域中提出了更为宽泛和实用的定义，Tierney 和 Farmer

（2002）在研究创新领域的基础上，对自我效能感的概念进行了进一步延伸。

表2-3　自我效能感主要概念总结

作者	主要概念
Bandura，1977	自我效能感被认为是对个体自身在某个特定情境中是否具有能力控制行为的一种预期，从而改进和控制个体的想法、动机和行为，是积极心理资本的中心概念
Stankovic and Luthans，2002	自我效能感作为个体对自己才能的一种自信，使自己为了顺利完成某个特定任务从而调动起所需的动机、认知和一系列的行为
Tierney and Farmer，2002	自我效能感是一种个体对于成功取得创新成果的信念，也是个体决定从事某些创新活动的信心基础

关于道德自我效能感，是最近十几年才进入学者视线的全新视角。

道德自我效能感被定义为"一个人在面对道德困境时，对他自己可以在一定道德领域内，组织和调动实现道德表现所需要的动机、认知资源、手段、行动能力的一种信念"（Hannah et al.，2011）。Hannah（2011）还指出，道德自我效能感是很重要的，一方面，道德领导人可能会促进追随者进行道德规范建设；另一方面，道德追随者也会把道德领导人作为榜样和示范，代表正直、善良和一个人努力的方向。

（二）自我效能感及道德自我效能感的前因变量

在 Bandura 的开创性研究之后，众多学者开始关注自我效能感的形成条件、作用机制等内容。在自我效能感成因方面，

Bandura 和他的弟子总结了四个不同的途径（Bandura & Evans，1989）。这四种变量，同样适用于道德自我效能感。第一，个体会通过以往的经验从而形成自我效能感，这个因素是四种形成途径中影响最大的。成功的经验会导致比较高的自我效能感，反之，失败的经验会形成比较低的自我效能感（Bandura，1995）。第二，示范性效应。与第一个途径相像，即个体会观察和自己类似的人的经验，从而形成自己的自我效能感。第三，在自我效能感的成因中，社会劝说的作用也是巨大的。当个人被劝说他们拥有完成某个工作任务的能力时，他们会被激励，自我努力程度会更高。当实现目标过程中遇到困难，个体被负向劝说时，则个体将倾向于自我怀疑从而导致形成低自我效能感。第四，情绪、生理状况也是形成自我效能感的因素之一。因为个体在评估自己是否能胜任或完成某件事务的时候，往往会受到当时生理和情绪的影响。举例来说，如果当时个体正处于某种病痛中，那么这个生理状态就会使个体对自己能力的判断有所降低，从而削弱自我效能感（Bandura & Wood，1989；周文霞和郭桂萍，2006）。

（三）自我效能感及道德自我效能感的作用机制

自我效能感与道德自我效能感的影响作用主要体现在行为选择、动机性努力、认知过程和情感过程四个方面。首先，自我效能感会作用于个体的行为选择（Bandura & Wood，1989）。研究表明，具有低自我效能感的个体在面临困境时倾向于选择逃避，或者选择挑战度低的任务。其次，自我效能感会作用于个体动机性努力的程度（Paglis & Green，2002）。学者研究发现，随着个体自我效能感水平的提高，所预定的目标也随之提高，个体为了实现所定的目标需要付出更高的努力水平，最终提高了绩效水平，即努力水平表明了个体自我效能感和绩效水平呈正相关。正如Myeong-gu & Remus（2009）的研究发现，若个体感知自己的自我效能水平越高，那么他付出的努力水平就会越高以及努力的持续时间会更长，因此提高了个体绩效。再次，自我效能感作用于个体的思维过程。道德自我效能感也是如此，举例来说，高道德自我效能感的个体一般会在大脑中分析、比较、判断自己的优劣势，从而采取更为积极的行为方式。最后，道德自我效能感作用于个体的情感过程。当个体面临不同的情境时，道德自我效能感基本会决定个体的情感过程和反应。

（四）自我效能感及道德自我效能感的结果变量

在研究作用方面，许多研究发现，自我效能水平与个体绩效呈显著的正相关关系，认为自我效能感是个体在分析各个绩效决定因子之后对自己能力的一个高级判断（Jawahar et al.，2008；Seijts & Latham，2011；Johnson et al.，2012；Brusso，2012；赵西萍和孔芳，2011）。在组织范畴中，自我效能感也是作为组织成员在多变的难以预测的情境下对其绩效的预测因素之一。Cole 和 Hopkins（1995）证明了高的自我效能感将带来更高的绩效。此外，研究也发现，自我效能感也与目标设定（Appelbaum & Hare，1996）、离职意愿（Betz & Hackett，1981）等相关。Johnson（2012）等学者发现，员工具有较高的核心自我评价时会展现出比较强的动机、较高水平的绩效和积极的组织公民行为。

图 2-1 自我效能感的主要作用过程与结果

（五）自我效能感及道德自我效能感的小结

最近几年，道德自我效能感被提出之后，引起了许多学者和实践者的关注，运用在社会、组织生活的方方面面，并在实际应用中发挥了作用。尤其是在组织管理领域中，道德自我效能感的应用研究多在预测组织内成员的绩效等。基于此，我们在人民调解的研究中，审视道德自我效能感所带来的影响。我们通过观察和访谈得出，人民调解员的道德自我效能感的高低直接关系着调解案件的最终走向，也影响着人民调解员的组织公民行为及反馈寻求行为的高低。一方面，人民调解委员会主任的道德自我效能感和本人民调解委员会中的人民调解员的道德自我效能感具有相关性，人民调解委员会主任如果具有较高的道德自我效能感会影响其他的人民调解员，使得他们也具有较高的道德自我效能感；另一方面，人民调解员也会以人民调解委员会主任的道德自我效能感为目标，树立正确的价值观，把这种高的道德自我效能感带给需要调解的双方当事人或者多方当事人，从而使得当事人按照社会主义核心价值观来审视现在和将来发生的事件，进而提升当事人的道德自我效能感。因此，在我国特殊的人民调解制度情境和工作环境下，道德自我效能感应用的前因后果是否显著是本文重点研究的问题之一。

五、威权调解风格

人民调解，中国自古就有，是一种中华民族独创的用来化解矛盾、化解纷争的非诉讼式的问题解决方式。调解员在调解工作中会选择他们要使用的技术或策略。过去十年的研究发现，调解员大约有 100 种技术性的选择，Wall 和 Dunne（2012）将调解战略整合为六大类：施加压力、中立、关系、分析、澄清、多功能。而笔者在实践中发现，在几千年的中华文化之上，在人民调解的情境下，人民调解员的威权调解风格具有特殊作用。

（一）威权调解风格的概念界定

"家"是几千年中华文化的核心概念之一。在传统的儒家文化中，"家"是社会最基本的，同时也是最主要的建制单元；而在儒家伦理的"五伦"当中，父子关系尤为重要，父亲的威权要远远大于其他的家庭成员，是一家之主，乃至是一个家族的核心。"家"这一概念渗透到华人的骨子里，杨国枢就将中国人由家庭里学来的经验类化到其他组织的过程称为"泛家族主义（pan-familism）"或"类化的家族主义"（樊景立和郑伯埙，2000）。

以郑伯埙（2000）为代表的华人学者提出了家长式领导，定义为"在人治的氛围下，所表现出来的具有严明纪律与权威、父亲般的仁慈及道德廉洁性的领导方式"。在郑伯埙的三元理论中，家长式领导分为三个维度，包含威权、仁慈和德行。而威权调解风格是在家长式领导这一维度上所进行的挖掘和延伸，是把家长式领导的威权风格放入调解情境中而形成的一种特有的基于人民调解工作的特殊风格。

本研究是在中国特定情境下对人民调解员进行的探讨与分析。人民调解员的威权调解风格指的是，人民调解员在人民调解工作中，适度地强调个人的绝对权威，用自身所具备的法律常识、心理技能及调解技巧，在案件中找到"情、理、法"的契合点，对双方或者多方当事人进行适度控制，涵盖"教海""责备""批评""指导"等立威行为，当事人相应地表现出"敬畏、听从"等行为。

（二）威权调解风格的维度与测量

在郑伯埙的三元理论中，家长式领导包含威权、仁慈和德行三个维度。威权，是指领导者强调个人的绝对权威，并对下属进行严密控制，涵盖"专权作风""贬损下属能力""教海"等立威行为，下属相应地表现出"敬畏、顺从"等行为。

人民调解员的威权调解风格量表，依据樊景立和郑伯埙（2000）威权领导量表，加入人民调解情境改编。

1. 我希望能够掌控自己所调解的案件。
2. 我希望当事人服从我的调解。
3. 制订调解方案时，调解团队都按照我的意思作决定。
4. 我向我的当事人展现出了卓越的调解工作绩效。
5. 在当事人面前，我表现出威严的样子。
6. 当事人不听劝解时，我会适当责备他们。

（三）威权调解风格的前因变量

权变理论认为，并不存在普遍适用的领导风格或领导方式，领导风格的有效性不可避免地会受到情景因素的影响。人民调解员的威权调解风格也是如此。调解行为具有很强的文化异质性，文化背景不同，内涵和效能也就会产生很大的差异。调解员对其调解风格的选择，在很大程度上会反映其所处的文化背景，而非完全由个人意志所决定，人民调解员的威权调解风格的文化根基是以"家"为核心的中华文明、中华文化。在人民调解员的调解过程中，人民调解员所表现出来的对双方或者多方当事人的教导、批评、指导等就属于威权调解风格。

在过去，中国社会中的调解者，往往本身就是当地百姓心目中的威权：村落中的村长、宗族中的族长、部落中的首领等，因此，传统文化中的调解，往往同时带有道德教化的功能。他们除了身份的权威，在调解中使用的也都是威权调解风格，对当事人进行批评教育，要求双方当事人反省自身，各自退让。虽然现在参与矛盾调处工作的都是人民调解员，但是威权调解风格依然存在，即使调解员本身并非身份上的威权，但是在必要的情况下，依然可以动用威权调解风格来说服当事人，起到调解的作用。

（四）威权调解风格的结果变量

孔子曾说："听讼，吾犹人也，必也使无讼乎。"意思是说，我审判案件和别的人没有什么不同，但是我断案的目的是要使得人们不再争讼，没有诉讼。可见，"无讼"是极具影响力的法律诉讼观念，是古代中国社会治理的最高境界。儒家思想认为，争讼是件坏事，是教育者、政府官员、社会管理者在道德教育上的失败。它提倡的是，人们在发生纠纷时不要用诉诸法律来解决争端，而是要用传统的伦理道德等观念，以一种"温和"的方式来解决争端，争议双方也应当从中受到说服和教育。

调解是在尊重当事人的独立人格和意愿的基础上开展的，因此肯定不是一个用威权的力量去强迫当事人服从的活动。但是，无论是调解过程还是调解结果都告诉我们，威权对于人们的影响力是很大的，社会心理学中关于说服的研究也发现，当调解主体是有魅力的人，是被说服对象认可的威权时，会取得较好的说服效果；并且越是社会地位较低、受教育程度较低以及生活在集体主义文化中的个体，越倾向于听威权的话。就像 David（2006）的研究结论，大部分的人会去顺从来自外部的权威，大部分人还是服从权威人士的命令而去做某事。而人民调解的工作实践也证实，人民调解工作在化解矛盾纠纷的过程中，即使人民调解员本身并不是德高望重的人物，但是在必要的情况下，依然可以使用威权调解风格来说服当事人，达到化解矛盾、达成和解的效果。

（五）威权调解风格的小结

人民调解是一项起源于中国、发展于中国的中国特色的民主生活制度，人民调解员的威权调解风格是自调解产生以来就有的一种调解风格。在中国传统社会中，调解人通常是家族、部落里受人尊敬的长者，他们运用威权调解风格，他们的观点代表了全体成员的共同观点，争议双方当事人对其所使用的威权调解风格都愿意接受，他们的调解方案受到大家的尊敬与服从。步入法治社会，当人民调解员进行调解时，他们则扮演的是该区域、共同体主流价值观和公认行为规范的代言人，而他们所使用的威权调解风格也容易被受这种价值观、行为规范约束的当事人所接受。所以，人民调解在某种程度上，也被当作是一种教导的过程。故在本研究中，将人民调解员的威权调解风格作为调节变量，引入了对调解工作结果的研究之中。

六、组织公民行为

Barnard（1938）提出了"愿意去合作"的观点。这种想去合作的意愿，其实就是个体对于组织各方面的认可。这种想要合作的意愿并不是被动产生的，而是一种自发的主动行为，认为这样的组织是个体值得为其付出努力的。Organ（1988）等人首次提出组织公民行为这一概念，把个体在组织中表现出的自主性行为定义为组织公民行为。随后，这一概念逐渐被应用在企业的管理中。

通过前期访谈了解到，人民调解员具有组织公民行为的主动性，这让我关注到组织公民行为作为结果变量的影响。人民调解员愿意帮助新同事适应调解工作的环境；愿意帮助同事解决工作上的问题；愿意与同事协调和交流；尤其在遇到集体上访等特殊案件时，有经验和资历的人民调解员还愿意主动去为同事顶岗，进入危险环境进行调解。而正是这种自觉自愿的行为促进了人民调解委员会的运作，减少了司法资源的浪费，促进了社会的和谐。这对于在新形势下构建强有力的基层人民矛盾调处工作队伍有着很重要的作用和意义。

（一）组织公民行为的概念界定

20 世纪 30 年代，人们开始对组织公民行为（Organizational citizenship behavior）进行研究。Barnard（1938）在其文章中指出，组织是合作力量的联合体，员工（下属）的合作意愿是构成组织正式结构的一个关键因素，并且员工（下属）需要做一些超出自身职位所规定的工作来使组织更好的发展。根据这个观点，

Katz 和 Kahn（1966）两位管理学大师于 20 世纪 60 年代就员工（下属）的行为，特别是超出自身职位说明书所规定（角色内行为）的工作任务但却对组织发展有更多好处的行为（角色外行为）进行了细致的研究。他们指出，员工（下属）的行为中存在主动完成创新以及超越工作要求的自发性活动。时隔一年以后，Thompson（1967）对这种自发行为进行了详细的阐述，指出任何组织的系统设计都不是完美的，需要员工（下属）这种自发的角色外行为（Extra-role behavior）来弥补组织设计的漏洞，最终达成组织的目标，使组织顺利地运行。Organ（1988）将这种自发的角色外行为称作组织公民行为，认为这种行为是指未被组织正常的报酬体系所明确或直接规定的，员工（下属）的一种自觉的个体行为，而这种行为有利于提高组织功能的有效性。这个定义指出：第一，组织公民行为是员工（下属）的一种自发行为，员工（下属）即使没有做出组织公民行为也不会受到惩罚。第二，员工（下属）的组织公民行为不会受到组织直接或明确的奖励，但是这种行为可能会给员工（下属）带来隐形的收益。比如员工（下属）主动帮助上司完成不属于自己的任务，从而获得上司青睐，进而获得升迁机会。第三，员工（下属）的组织公民行为有利于提高员工（下属）所在组织的有效运作，受益对象是员工（下属）所在的组织。这就强调员工（下属）的自愿行为只有在促进组织运作的时候才能被算作组织公民行为。比如，当员工（下属）帮助组织以外的人完成任务时，员工（下属）的这种自发行为跟员工（下属）所在组织并无联系，因而也就不能促进员工（下属）所在组织的有效运作，就不能算作员工（下属）的组织公民行为。

（二）组织公民行为的维度与测量

自组织公民行为概念提出以来，学者对其维度的探讨就一直不断，虽然每种维度的形式都有可取之处，但之间存在着相互交叠的现象，而学界就组织公民行为的构成维度并没有形成统一的概念。其中最常见的几种维度如下：

第一，Williams 和 Anderson（1991）将组织公民行为这一概念划分为两个维度，即指向整个组织的组织公民行为（OCBO）和指向组织中个体的组织公民行为（OCBI）。其中 OCBO 主要包括员工（下属）的道德、员工（下属）对组织忠诚等方面的内容；而 OCBI 主要包括员工（下属）主动为需要帮助的他人提供帮助、为完成组织任务给予他人方便等内容。

第二，Coleman 和 Borman（2000）通过分析当时与组织公民行为相关的文献，对文献中出现的 27 种类似组织公民行为的行为表现，采用内容归类、多维度分析和聚类分析等方法，将组织公民行为分为三个维度，即指向人际关系的组织公民行为、指向组织的公民行为和指向工作的组织公民行为。这三个维度中，指向人际关系的组织公民行为与 Williams 和 Anderson（1991）提出的 OCBI 相近；指向组织的公民行为则与 OCBO 接近；指向工作的组织公民行为则与 Van Scotter 和 Motowidlo（1996）提出的组织公民行为的"工作奉献"的含义类似。

第三，Podsakoff（2000）等人在对以往组织公民行为研究成果进行元分析之后认为，组织公民行为主要分为七个维度，包括帮助行为（Helping behavior，如帮助他人和事前知会等）、运动员精神（Sportsmanship，如在逆境中不放弃和为顾全大局牺牲自我利益等）、对组织忠诚（Organizational loyalty，如随时捍卫组织利益、在不利条件下保持对组织的承诺等）、服从组织（Organizational compliance，如即使在无人监督的情况下也自觉遵守组织的规则、程序等）、个体主动（Individual initiative，如自觉承担额外的工作并鼓励同事也这样做等）、公民道德（Civic virtue，如对组织整体的责任感、表现出参与组织管理的意愿、研究行业信息以保证组织长久发展等）、自我发展（Self-development，如自觉拓宽专业知识、学习对组织有利的新知识等）。

第四，Farh（1997）等人在中国台湾进行 OCB 研究之后，发现中国背景下的 OCB 维度与西方的 OCB 维度有部分相似的地方，但也有不同的地方。如西方背景下的运动员精神和善意知会这两个维度在台湾样本中就没有发现。又因为中国大陆和中国台湾的文化都源自中国传统文化，因此，Farh 认为中国情境下的 OCB 维度应该和他的研究相近。基于这样的观点，Farh（2004）等人采用中国大陆的企业样本对 OCB 的维度进行探讨，研究结果显示，中国背景下，OCB 一共存在十个维度，其中有五个维度与西方的 OCB 维度相近，包括主动（Taking initiative）、帮助同事（Helping behavior）、提出建设性意见（Voice）、参与集体活动（Group activity participation）以及提升公司形象（Promoting company image）。而另外五个维度则与西方不同，这些维度是自觉学习（Self-training）、参加公益（Social welfare participation）、人际和谐（Interpersonal harmony）、保持工作场所整洁（Keeping the workplace clean）和保护并节约公司资源（Protecting and saving company resource）。由于 Farh 的这一研究是针对中国情境下的组织公民行为开展的，人民调解又是极具中国特色的民主法治制度，所以，本研究采用的是 Farh 等人研究里的第二个维度，即帮助同事（Helping behavior）这一维度，以便在中国情境下对人民调解工作进行研究。

（三）组织公民行为的影响因素

Podsakoff（2000）等人在回顾过去近 20 年关于组织公民行为的研究文献后，将学者们提出的所有影响 OCB 的因素归为四类：个人特征、任务特征、组织特征、领导行为。本研究基于 Podsakoff 的这种归类方式，对组织公民行为的影响因素进行分析。

第一，个人特征。就员工（下属）个性而言，Smith（1983）等人认为组织公民行为本质上是一种亲社会性格的外放型表现。Organ 和 Ryan（1995）通过进行元分析之后发现，虽然之前的研究得到大五人格中的责任感、宜人性、利他性与组织公民行为存在显著的正相关，但这种相关性是由于共同方法偏差造成的。如果控制住共同方法偏差，员工（下属）个性中只有责任感一项与组织公民行为呈正相关。Podsakoff（2000）等人的研究也证明了这一点。就员工（下属）的满意度而言，Organ 和 Konovsky（1989）的实证研究最先支持了员工（下属）的满意度与其组织公民行为之间存在着显著的正相关。Organ 和 Ryan（1995）及随后的研究也证明了这一观点。不仅如此，Williams 和 Anderson（1991）的研究还表明，员工（下属）的满意度表明了组织承诺与 OCB 之间的关系。就员工（下属）的组织承诺而言，Scholl（1981）提出的组织承诺模型指出，组织承诺是一种可以让人牺牲小我完成组织这个大我的工作态度，因此它一直被认为是组织公民行为的预测变量，并且得到了众多学者的实证研究支持（O'Reilly & Chatman, 1986; Becker, 1992; Morrison, 1994）。但这些研究都是将组织承诺作为一个整体，来研究其与组织公民行为的关系。就员工（下属）的信任而言，Konovsky 和 Pugh（1994）基于社会交换理论，指出员工（下属）对于领导的信任能够很好地解释员工（下属）实施组织公民行为。不仅如此，信任还将调节公平与组织公民行为之间的关系。而 Podsakoff（1990）等人、Robinson 和 Mortison（1995）的研究同样发现，信任是影响组织公民行为的重要变量。就公平而言，Scholl（1987）等人在对 161 家财务机构的员工（下属）进行调查研究后发现，薪酬公平与角色外行为有显著相关。此外，Organ 和 Konovsky（1989）针对医院的员工（下属）的研究以及 Niheoff 和 Moomrna（1993）针对企业下属的研究都发现，公平对于组织公民行为有显著的正向影响。华人学者 Farh（1997）等人的研究也得到了同样的观点。

第二，任务特征。包括任务反馈（Task feedback）和任务程序化（Task routinization）。许多现有文献（Podsakoff & MacKenzie, 1995; Podsakoff, MacKenzie, & Bommer, 1996）都指出，任务特征和组织公民行为具有较强的相关性。其中，任务反馈与组织公民行为及其子维度呈正相关，任务程序化与组织公民行为呈负相关。

第三，组织特征。主要指组织对员工（下属）的支持。Eisenberger 等（2001）认为员工（下属）对组织支持的感知会对员工（下属）的组织公民行为产生正相关影响。原因在于：若员工（下属）感知到自己从组织中得到较多的支持，员工（下属）就会满足自己的归属需要，因此员工（下属）就会更加关心组织利益，做出有利于组织的行为来回报组织，这就又会满足员工（下属）与组织之间进行社会交换的心理平衡需求（Eisenberger et al., 2001）。吴志明和武欣（2006）通过对 12 个高科技组织的实证研究也得出了同样的结果。

第四，领导行为。关于领导行为对组织公民行为带来的影响一直是学界感兴趣的问题。Hen 和 Farh（1999）将变革型领导行为引入自己所做的 OCB 研究中，并将领导行为分为关系导向的行为和任务导向的行为。通过采用来自中国台湾的数据研究发现，两种导向的领导行为都与组织公民行为有很强的正相关关系。这一发现与 Podsakoff（1990）等人以及 Law 和 Hackett（2005）的发现相吻合。学者不仅对变革型领导与组织公民行为之间的关系感兴趣，同时还对与变革型领导相对的另外一种领导方式——交易型领导（Transactional leadership）与 OCB 之间的关系感兴趣。Nguni（2006）等人通过对小学老师的研究发现，交易型领导行为对教师的组织公民行为也能产生一定的影响，只是这种影响作用小于变革型领导对 OCB 的影响。除了以上两种领导行为之外，学者们也对新兴的其他领导行为与 OCB 的关系进行了研究，这其中包括真诚型领导（Authentic leadership）与辱虐管理（Abusive supervision）。通过对某企业的 387 名员工（下属）与他们的 129 名直属上司进行研究后发现，真诚型领导行为与员工（下属）的组织公民行为呈显著的正相关（Walumbwa et al.，2010）。而领导的辱虐管理行为则与员工（下属）的组织公民行为呈负相关（Aryee et al.，2007）。由此可见，组织公民行为与领导行为有着密不可分的联系。而特别值得指出的是，根据 Van Dierendonck（2011）的研究，服务型领导这一领导行为作为本文核心自变量会对组织公民行为的结果变量产生影响。他认为，当一个组织中的领导更多地实施服务型领导行为时，这个组织中的员工（下属）会更愿意行使其组织公民行为。

（四）组织公民行为的小结

组织公民行为作为一种角色外的行为，已经超越了员工的基本职能，这是在做好本职工作所要求的相关任务后，自主表现出来的一种行为方式。在访谈中发现，人民调解员在人民调解的分内工作之外，或多或少地都会表现出这种角色外的行为。这种行为不是人民调解委员会强制要求的，而是人民调解员自发产生的，人民调解员具有很强的组织公民行为的主动性。

七、反馈寻求行为

在组织管理的实践中，"反馈"作为提高工作绩效的手段之一，被管理者频繁使用，无论是全员例会还是员工面谈，都体现了管理者对于"反馈"的高度重视。然而，随着组织战略发展变化，单纯依靠传统的自上而下的反馈方式显然已经难以满足员工角色绩效提高和自我发展的需要（Griffin 等，2007），很多领导与员工经常处于"反馈真空"的状态。基于此，Ashford（1986）基于积极心理学理论，为反馈研究开辟了独特的视角，指出员工可以主动向上级或是周围同事寻求反馈以获得对自己有价值的信息，进而促进个体和组织的发展。本研究在访谈中发现，人民调解员的反馈寻求行为可以作为结果变量来进行研究。

（一）反馈寻求行为的概念界定

20 世纪中叶，学者们开始关注、研究反馈行为。当时，学者们主要是从组织的角度来观察思考反馈行为，认为反馈行为可通过对组织学习和行为动机的影响来促进组织绩效的提升（Ilgen 等，1979）。20 世纪 80 年代初，Ashford 和 Cummings（1983）第一次提出了反馈寻求这一概念。他们将反馈视作个体所具备的一项富有价值的信息资源，个体不一定是反馈信息的被动接受者，还可以是选择主动寻求反馈的主体。之后，越来越多的学者在研究过程中关注员工如何在反馈的过程中发挥主动作用以及反馈寻求行为本身，而员工反馈寻求行为研究也成为西方组织行为学研究领域里最为活跃的研究之一（Anseel 等，2007）。反馈寻求行为是指个体积极主动地寻求组织中有价值的信息，以适应组织和个人发展需要的一种主动性行为。Ashford 和 Cummings（1985）指出反馈寻求行为包含六个重要方面：一是反馈寻求的频率，即个体寻求反馈的频繁程度。大部分研究表明，个体反馈寻求频率越高，沟通效果越好，工作满意度和绩效也越高，反之则越低。二是反馈寻求方式，即个人是通过观察他人行为还是通过直接或间接询问来获得信息。询问式反馈寻求行为是指个体就他们认为有价值的信息直接询问组织内外的人员，从而更多地获得工作中所需要的信息，使自己了解所处的环境。监控式反馈寻求行为是指个体观察组织的情境和组织中他人的行为，从而为自己提供有用的线索。两者的区别在于，前者是通过交流的方式获取有价值的信息，后者是通过直接观察他人的行为获取自己认为有价值的信息。三是寻求的信息内容，是寻求绩效方面信息、专业技能信息还是组织常规信息等内容。不同的个体对反馈信息的需求有差异，个体所寻求的反馈信息不仅仅局限于传统的绩效考核信息，还包括专业技能信息、社会行为信息、整体绩效评价信息、常规信息和角色信息五个方面。四是反馈源，即向上级、同事还是组织外群体寻求反馈。五是反馈寻求效价。反馈寻求可分为正面和负面两类，相对于正面信息，负面信息特别是绩效考核方面的负面信息容易伤害个体的自尊心（Baumeister 等，1993）。六是反馈寻求时间。这六个方面的不同组合形成不同的反馈寻求模式和效果，个体采取何种形式的反馈寻求行为与个体和组织因素有很大的关系（Ashford 等，2003）。

（二）反馈寻求行为的维度与测量

学者们根据反馈寻求行为的分类开发出了不同的量表，最早的量表是基于反馈寻求的信息内容开发的。Ashford（1986）指出，反馈寻求内容可以分为专业技能信息、社会行为信息、整体绩效评价信息、常规信息和角色信息五个维度，分别测量三个询问式和四个监控式的题项。Morrison（1993）在新员工社会化反馈寻求行为研究中采用了此量表并对其进行了验证性因子分析，发现新员工对绩效评价信息、常规信息和社会行为信息的寻求呈现明显的询问式和监控式二因子结构，而专业技能信息和角色信息的寻求只有一个因子，即询问式寻求。Miller 和 Jablin（1991）则认为，有必要把以前的量表区分为针对上级和员工两个不同的反馈寻求维度。此后大多数学者沿用此量表并对其进行了检验。VandeWalle，Ganesan，Challagalla 和 Brown（2000）的研究中，对学习目标定向和反馈情境之间的相互作用及其对反馈寻求的影响进行了研究。他们将反馈情境具体化为领导体贴（Leader Consideration）和领导对结构的指引（Leader Initiation of Structure）。KraSman（2010）在以前研究的基础上，根据反馈寻求方式的不同，将反馈寻求划分为直接询问式、间接询问式和反思性评价三个维度。由此可以分析得出，学者们根据反馈寻求行为不同的维度和自己的研究方向开发出了不同的量表，虽然侧重点不一样，但是测量的内容大同小异。

（三）反馈寻求行为的前因变量

虽然研究表明，反馈寻求行为有利于个体和组织的发展，但个体将自身的弱点暴露在他人面前，这种行为本身就存在一定的风险，因此个体特征和情境因素这两个方面会阻碍或者促进这种反馈寻求行为的发生。

（1）个体层面

第一，个体特质。早期学者关注了个体特质对反馈寻求行为是否具有预测作用，受到较多关注的个体特质有自尊、积极个性、自我效能、模糊容忍度、大五人格等。在寻求反馈的过程中，个体可能需要向他人展示自身的缺点，因此自尊心强的个体会为了维护自尊而减少反馈寻求行为。然而，相关研究表明，自尊与个体的反馈寻求行为并没有直接的关系，相对于低自尊个体，高自尊个体具有较强的自信，因此，并不畏惧不利反馈，当他们认为反馈信息具有极大的价值时便乐于去寻求反馈；而低自尊个体需要保护比较脆弱的自我，会害怕和极力避免负面反馈（Brennan 和 Morns，1997；Bernichon 等，2003）。积极个性者不容易被情境压力约束，能主动采取行动改变所处环境，因此更倾向于进行反馈寻求（Bateman 和 Crant，1993）。Ashford 和 Black（1996）研究发现，相比控制愿望弱的新员工，控制愿望强的新员工在社会化过程中会寻求更多的信息，并且更愿意进行自我管理和主动协调工作，以降低不确定性。具有主动人格特质的新员工会更积极地向上级和同事寻求发展性反馈，与周围的人建立积极的社会网络关系，从而取得较高的工作绩效（Yang 等，2011）。高自我效能感的个体被认为抗压能力比较强，能够较积极主动地寻求反馈，但是实证研究发现，自我效能与个体反馈寻求行为是互为因果的：反馈寻求行为能提升个体自我效能，而自我效能又正向影响基于目标的反馈寻求行为，从而提高个体绩效；高自我效能个体较多的反馈寻求行为使得其角色更加清晰，从而更有利于绩效的提高（Brown 等，2001；Renn 和 Fedor，2001）。

第二，个体认知。认知模式的不同会导致个体对信息的采集构建和应用产生巨大差异。研究表明，相对于适应性认知思维，具有变革性认知思维的个体会表现出更频繁的反馈寻求行为，因而会取得更高的创新绩效。学习性目标导向个体相信智力、技能和能力是可以开发和培育的，因此当面临困难的任务或任务失败时，他们倾向于付出更多的努力去获得能力和个人的发展；而规避性目标导向个体则认为自我特征是稳定、不可控制和很难把握的，额外的付出和努力很难改变不能胜任的事实，因此他们在面临困难的任务或任务失败时，倾向于放弃目标（Payne 等，2007）。有研究表明，学习性目标导向和反馈寻求行为呈正相关，规避性目标导向与反馈寻求行为呈负相关，同时，学习性目标导向个体对自我改进信息的寻求要多于自我肯定信息（Vandewalle，2004；Janssen 和 Prins，2007）。Park 等（2007）发现，学习性目标导向可以提高个体对反馈的期望价值和评估价值，降低所感知的反馈寻求成本；而规避性目标导向会导致高自我展示成本，从而降低反馈寻求倾向。

第三，工作年限。工作时间长短是影响个体反馈寻求行为的一个重要因素。最早的反馈寻求行为研究是从新员工视角展开的，相对于老员工而言，新员工在工作中面临着更多的不确定性，反馈寻求是新员工融入组织的一个过程工具。Miller（1993）发现，刚进入组织的员工由于不熟悉组织文化，不精通业务，因此会比老员工表现出更多的询问式反馈寻求行为。随着工作时间的增长，个体面对的不确定性逐渐降低，感知印象成本逐渐增加，从而使得个体面向同事的询问式反馈寻求行为明显减少，特别是当他们由于社会压力表现出缺少自信和自我肯定的时候。在反馈寻求模式上，新员工主要以询问的方式向上级寻求专业技能信息，而对于其他类型的信息则向同事寻求。不管是新员工还是更换工作的老员工，工作的调整都会引起其反馈寻求行为的增加（Callister 等，1999）。即使对信息的感知价值一样，相对于新员工而言，老员工也会因为风险成本的增加而减少直接询问式反馈寻求行为。

（2）情境因素

第一，领导反馈源特征。反馈信息提供者的特征对个体是否愿意寻求反馈起着关键作用。反馈源可以分为上级、同事以及组织外人员。研究表明，向特定反馈源寻求反馈的可能性与反馈源的专家特征呈正相关关系，反馈源的可接近性能够增强个体向其寻求反馈的倾向，而且反馈寻求者和反馈源之间的关系越好，反馈源就越可能提供更多的建设性反馈和更少的负面反馈（Tuckey等，2006）。领导作为主要的反馈源，其对员工反馈寻求行为的影响是员工反馈寻求行为研究的一个热点。Lewy 等（2002）的实验研究表明，变革型领导相较于交易型领导更能促进员工的反馈寻求行为，员工感知的领导特质，如领导的关怀性与员工的积极反馈寻求倾向呈正相关。下属与领导关系越好，越喜欢向领导寻求负面反馈，以提高绩效水平（Chen 等，2007）。领导行为也会影响员工对反馈源的选择。De stobbeleir 等（2008）通过对 185个区 991 名员工样本的配对研究发现，领导授权行为并不会增加下属对上级的反馈寻求行为，但是会让员工产生目标自我决定感，并在团队协作理念的影响下，增加员工向同事寻求反馈的行为。然而，Huang（2012）发现，领导授权能够增强下属对领导的信任，从而使下属实施更多的反馈寻求行为，提升工作绩效。

第二，组织支持。个体行为受组织文化的引导和规范，支持性的反馈环境可以有效降低个体寻求反馈的印象管理动机和努力成本，从而提高反馈寻求频率和反馈效果。Ashford 和 Northcraft（1992）通过实验研究发现，个体感知同事对其反馈寻求行为的积极程度直接影响其反馈寻求次数，上级对反馈寻求行为的支持能够增加个体的反馈寻求行为。反馈环境是测量工作场所对积极反馈寻求行为鼓励程度的指标，分为感知的上级反馈环境和同事反馈环境两个维度，包含反馈质量、反馈源可信度、反馈方式的人性化、有利反馈内容、不利反馈内容、反馈源的可接近性，以及是否促进反馈寻求七个方面的内容（Steelman 等，2004）。支持性的反馈环境能够直接提升个体向上级和同事的反馈寻求频率，从而使得角色任务清晰化，进而提升任务绩效和关系绩效（Whitaker 等，2007）。组织支持可以减少反馈寻求者在寻求反馈的过程中感知到的印象成本，从而对询问式和监控式反馈寻求都有积极的影响（De stobelair 等，2011）。在规范化的组织和个体角色定位比较清晰的岗位，个体一般较少进行反馈寻求。

第三，文化差异。东西方文化差异使得个体对反馈寻求行为的理解和表现方式有很大不同，重视面子的文化价值观使得印象管理问题在东亚可能比在西方更突出（De luque 和 Sommer，2000；Hwang 和 Francesc，2010）。东方的中庸文化价值观使得个体更在乎人际关系和面子，当需要有价值的信息时，因顾及面子问题，相对于询问式反馈寻求，个体更倾向于进行监控式反馈寻求。因为害怕带来过多的关注，集体主义文化中的个体会比个人主义文化中的个体表现出更多的群体监控式反馈寻求行为，个人主义文化中个体反馈寻求的信息内容主要是目标是否合理，而集体主义文化中的个体更喜欢询问目标是否合适。基于美国以及中国香港特别行政区 MBA 学生样本的对比研究表明，在公开场合以及中国香港特别行政区被试者表现出更少的反馈寻求行为：面对不确定性问题，具有低个人主义和高权力距离的个体更少依赖上级反馈（Hwang 等，2003；Morrison 等，2003）。

（四）反馈寻求行为的结果变量

相对于前因变量的研究，有关反馈寻求行为结果变量的研究较少，但是其作为组织中的一种积极行为，反馈寻求行为对个体和组织的积极影响不言而喻。下面主要从新员工社会化、管理有效性、工作绩效、印象管理四个方面分析组织中反馈寻求行为的作用结果。

(1) 新员工社会化

最早对组织中反馈寻求行为的研究产生于新员工社会化领域。新员工刚进入组织，面临很多不确定性，这种情境最容易激发个体的反馈寻求需要，新员工从反馈寻求中受益也较大。Ashford (1986) 对比研究了135名刚参加工作的会计人员六个月的反馈寻求频率及其之后的工作熟练度、角色明确性、组织文化认知和社会融入度，发现反馈寻求频率较高的员工的各个社会化维度指标都高于反馈寻求频率较低的员工。之后很多学者的研究都证实，个体积极的反馈寻求可以加快其社会化进程，反馈寻求行为较多的新员工对角色任务的认识更加清晰，被其他员工接受的程度更高，更容易适应社会化调整过程，工作满意度更高，被组织承认的程度和工作绩效也更高 (Ashforth 等，2007；Bauer 等2007)。Wng 和 Kim (2013) 证实，新员工主动的反馈寻求行为有利于其感知到自己的组织内部人身份，从而有利于其更好地融入组织。李从容和张生太 (2011) 以知识员工为研究对象，发现公开寻求信息的行为有利于知识型新员工的工作胜任、人际融洽和文化融合，知识型新员工的组织社会化是一个主动学习和调适的过程。

(2) 管理有效性

虽然大部分反馈寻求行为研究聚焦于员工的反馈寻求行为，但事实上，组织管理者更需要进行积极的反馈寻求。管理者职位越高，越是面临信息缺乏的风险，上级、下属和同级同事不会积极向其反馈信息，特别是负面的但有利于其和组织发展的信息，因此管理者积极的反馈寻求不仅有利于其制定符合组织和员工需要的目标，而且可以提升其管理的有效性。Ashford 和 Isui（1991）的实证研究表明，管理者积极向上级进行负面反馈寻求，既可以更准确地理解反馈源对其的评价，又可以增强股东对其管理有效性的感知。反馈寻求行为在高管团队管理中也很重要。Stoker 等（2012）通过对 38 个高管团队及其 CEO 的相关数据进行分析发现，只有当高管团队反馈寻求水平比较低的时候，变革型 CEO 才与高管团队绩效呈正相关关系；相反，当高管团队整体反馈寻求水平很高时，两者的关系并不显著。这个发现也表明了反馈寻求行为在高管团队中的重要性，即可以在没有变革型 CEO 的情况下直接导致积极的组织绩效结果。

（3）工作绩效

大量研究表明，反馈寻求行为对员工的任务绩效、关系绩效、组织公民行为以及创新绩效都有正向预测作用。但是反馈寻求行为对绩效影响的实证研究条件比较苛刻，比如要进行纵向时间序列研究，而且影响过程较为间接，只能通过中间路径反映出来。比如，研究表明反馈寻求是一种主动的人际互动过程，员工主动进行反馈寻求的次数越多，其任务清晰度越高，对任务也越精通，工作绩效水平就越高。Whitaker 等（2007）通过对 170 名领导和下属的配对问卷研究发现，支持性的环境会促进员工向上级和同事的反馈寻求，从而使员工的任务更加清晰化，并且上级对下属的绩效评分也更高。De stobbeleir 等（2011）发现，具有变革性认知的员工，其反馈寻求频率和反馈寻求宽度都要高于具有适应性认知的员工；员工的询问式反馈寻求能够激发其创新思维，询问式反馈寻求的频率和宽度能够直接预测员工的创新绩效。研究还进一步表明，领导—成员关系越好，下属越倾向于向上级寻求负面反馈，进而使得上级对下属的绩效评分越高；员工感知的授权在领导—成员关系和下级负面反馈寻求行为之间起负向调节作用（Chen 等，2007）。当然也有研究发现，不是所有的反馈寻求行为都会导致员工的高绩效。Snape（2007）证实，只有当上级认为下属的反馈寻求是出于增强绩效动机时，下属的反馈寻求行为才能正向提高领导—成员关系的质量和下属的客观工作绩效。

（4）印象管理

作为一种印象管理策略，个体对反馈寻求模式的选择会影响他人对其反馈寻求动机的理解和对其的印象。研究表明，经常寻求负面反馈的员工，其上级以及同事对其的正面评价更多（Edwards，1995）。下属在上级心情好的时候寻求反馈能降低上级对其产生负面印象的可能性，同时，反馈寻求者有技巧的语言表达有助于增强反馈源对有利事件的关注并弱化反馈源对不佳绩效的印象。在反馈时间选择上，相对于被动等待即将到来的负面反馈，及时主动的负面反馈寻求有助于弱化反馈源对反馈寻求者负面绩效的不良印象（Morrison 和 Bies，1991）。相比于低绩效员工，Ashford 和 Northcraft（1992）研究发现，绩效高于平均水平的员工，其负面反馈寻求行为可以提升反馈源对自己的正面印象。对于领导者而言，经理人向上的反馈寻求行为有利于提升其关心股东的正面形象。变革型领导向下的反馈寻求行为不但可以减小下属对其领导特性的认知偏差，而且能让下属产生人际公平印象，从而提高领导行为的有效性（Wag，2011）。

（五）反馈寻求行为的小结

组织中的个体反馈寻求行为是一种很常见又十分有趣的现象，可惜目前国内对于这方面的研究并不多。本研究认为，有必要从个体与情境，特别是与人民调解委员会主任的服务型领导互动的人际关系视角来探讨组织中个体的反馈寻求行为，这样会更有理论及现实意义。另外，为了全面理解反馈寻求行为概念的内涵，还有必要厘清其与组织公民行为的关系。组织公民行为是指主动改变环境和提出新观点的行为，它强调的是主动改变现状而不是被动适应环境。反馈寻求行为归根结底是一种基于情境的积极组织行为，是个体主动寻求组织中有价值的信息以实现个体和组织目标的一种手段，其目的是规范行为和实现个体目标。组织公民行为概念外延更广，个体主动性格、角色自我效能等特性构成个体组织公民行为的要素。组织公民行为的目的不仅仅是获取信息，还涉及组织、规划、主动发起等具体行为（Crant，2000）。

八、基本概念总结

通过对服务型领导、工作激情及和谐工作激情、自我效能感及道德自我效能感、威权调解风格、组织公民行为、反馈寻求行为等相关文献的梳理和研究，我们发现国内外学术界对于服务型领导、工作激情及和谐工作激情、组织公民行为的研究十分深入和广泛，并已经获得了大量丰硕的研究成果，但是并没有针对调解及人民调解、威权调解风格的综合研究。相比较而言，在自我效能感及道德自我效能感的研究里，涉及道德自我效能感的研究并不太多。

在访谈中，我们了解到人民调解员队伍中的人民调解委员会主任的服务型领导，强调服务意识，可以带动整个调解团队参与调解工作，在主任的服务型领导下，有利于提高人民调解员的和谐工作激情和道德自我效能感。人民调解员除了被动调解，自己还要去主动化解矛盾纠纷，和谐工作激情较高。人民调解员希望用自己正确的价值观来引导当事人，拥有较高的道德自我效能感。在人民调解员的工作绩效和威权调解风格的调节下，人民调解员获得个人较高的组织公民行为和反馈寻求行为表现。这些发现在文献梳理中并没有找到具体的研究成果，本研究希望能够在一定程度上，弥补对于人民调解研究的不足。

第三章 调解主体研究理论、假设与模型

一、研究理论

社会学习理论是本研究贯穿始终的一个理论。Bandura（1977）在研究社会学习理论中看到了效能期待的意义，在"效能期待"的基础上研究了"自我效能感"，并在对自我效能感进行深入研究的基础上，提出了"自我效能理论"。这两种理论一脉相承。

（一）社会学习理论

Bandura（1977）是美国心理学家、美国新行为主义的代表人物，他整合了信息加工理论和强化理论，提出了社会学习理论。Bandura（1977）认为社会学习理论可以探讨个人的认知、行为与环境因素三者，以及这三者之间的交互作用对人类行为所产生的影响。Bandura（1977）强调了社会情景、社会变量对人的自身行为的约束效能，重点说明了个人如何在社会环境中进行学习。

除了 Bandura，Miller、Dollard 等学者也对社会学习理论进行了一定研究和阐述。但是真正得到认可的还是 1977 年 Bandura 对社会学习理论的概括。他强调了人的自身行为和社会环境之间所产生的作用。在某种程度上，Bandura（1977）的社会学习理论更具有说服力。

Bandura（1977）认为，人自身的行为方式主要是依靠后天形成的。毫无疑问，这种行为方式的后天习得过程肯定受到了遗传基因和生理因素两方面的影响；但是更不容忽视的是，除了遗传基因和生理因素，后天的经验和环境也会对人的行为起到很大的影响。Bandura（1977）把这种行为形成的习得方式分成了两种情况：一种是通过直接经验学习到的情况；另一种是通过间接经验学习到的情况。

Bandura（1977）的社会学习理论强调的不仅是学习的观察，更强调学习的模仿，他认为，人的行为方式多少是会通过观察别人的行为方式和别人的行为所带来的结果而学习到的。看别人的行为和这种行为导致的结果也就让自己的行为模式有了依托。除此之外，Bandura（1977）还指出了榜样的作用。他认为，榜样会在很大程度上起到示范带头作用，这不只是来源于榜样自身所在的单位、所担任的职位，榜样对于他们的追随者、学习者所表现出来的关怀、照顾和公平态度，也是增加榜样对于追随者或者学习者吸引力的原因（Trevino, Hartman & Brown, 2000; Trevino, Brown & Hartman, 2003）；同时，榜样还有其自身的可依赖性，比如，榜样自身所表现出来的诚实的品质、正直的作风和言行的一致（Brown, Trevino & Harrison, 2005）。那究竟为什么要学习和模仿榜样呢？第一，可能是由于追随者或者学习者有着与榜样或者领导人一样的理想、目标，相同的家庭背景、环境，相似的学习经历、从业经历等（Bandura, 1977）；第二，可能是在工作方面，觉得榜样或者领导人掌握一定的权力和资源，通过对他们期许一致的行为进行奖励、对不当的行为进行处罚这种方式来规范系统内员工的行为。（Bandura, 1986; Brown, Trevino & Harrison, 2005）。

除此之外，Bandura（1977）还强调了自我调节和树立自信所起到的作用。设立正确的目标，进行自我调节，树立自我的信心，较少对困难及问题的回避，对任务勇往直前。在 Bandura（1977）的社会学习理论里，这些主张都有着极其重要的指导意义。在人民调解工作中，社会学习理论的应用很广泛，人民调解委员会主任和人民调解委员会中其他的人民调解员在后天的社会学习中，通过直接经验和间接经验的学习，提高了自身的素质和能力，进而影响其组织公民行为和反馈寻求行为。

Bandura（1977）认为，榜样会在很大程度上起到示范带头作用。依据社会学习理论，也就是说，人民调解委员会主任对于人民调解员会起到积极正向的作用，人民调解委员会主任的服务型领导会让人民调解员也认为应该在日常工作中按照"服务于他人"的行为方式去践行，这是社会学习理论在人民调解中的应用和结合，很好地解释了人民调解委员会主任和所在人民调解委员会其他人民调解员的上下级领导关系，以及在人民调解委员会主任服务型领导风格的影响下，和谐工作激情、道德自我效能感对于人民调解员的组织公民行为、反馈寻求行为的影响。

社会学习理论是本研究贯穿始终的一个理论，对于整个研究框架起到了支撑性作用。

（二）自我效能理论

Bandura 1977 年从社会学习的独特视角出发，提出了社会学习理论，在研究社会学习理论中看到了效能期待的意义。他指出，效能期待是指人对自己能够进行某一行为的实施能力的一种推测或者判断，是自己对自身所拥有的这种能力的主观上的评价和评估（Bandura，1977）。Bandura（1977）在"效能期待"的基础上研究了"自我效能感"，在对自我效能感进行了深入研究的基础上，提出了"自我效能理论"。

自我效能理论指的是个人对于自己在一定水平上完成某一活动、某项工作所具有的能力判断、信念或主体自我把握与感受的主观评估。也就是个体在面对某一项任务或者活动时自己所感受到的胜任感和自信、自尊等方面的表现。这种主观评估的结果怎么样，将会对个人的行为动机产生直接和重大的影响。

Bandura（1977）指出："效能预期影响到的不仅仅是选择活动和场所，对努力的程度也将会有作用。"Bandura（1977）还从自我效能形成的条件和自我效能感对行为的影响这两个方面进行了研究，发现自我效能的形成主要受到五个方面的影响：行为的经验（成功或者失败的直接经验）、替代性经验（观察他人获得的自我认识）、言语劝说（他人暗示和自我规劝的综合作用）、情绪的唤起（情绪及心理状态）、情境条件（情景的适应与控制）。

纵观 Bandura 学术思想的发展，20 世纪 70 年代末以前，Bandura 主要研究社会学习理论；而当他的社会学习理论基本确立之后，20 世纪 80 年代以后，他开始关注对于现象的解释，对自我效能现象的注重和自我效能理论的提出就是最典型的表现。

最近几年，道德自我效能感被提出之后，引起了许多学者和实践者的关注，并运用于社会、组织生活中的方方面面，尤其是在组织管理领域中，道德自我效能感的应用研究多关注预测组织内成员的绩效等。基于此，我们在人民调解的研究中，审视道德自我效能感所带来的影响。我们观察并访谈得出，一方面，人民调解委员会主任如果具有较高的道德自我效能感，会影响其他的人民调解员，使他们也具有较高的道德自我效能感；另一方面，人民调解员也会以人民调解委员会主任的道德自我效能感为目标，树立正确的价值观，从而把这种较高的道德自我效能感带给需要调解的双方当事人或者多方当事人，使得当事人按照社会主义核心价值观来审视现在和将来发生的事件，进而提升当事人的道德自我效能感。可见，道德自我效能感在人民调解工作中有三方面的影响和作用。第一，人民调解委员会主任具有较高的道德自我效能感，从而影响本人民调解委员会中的其他人民调解员的道德自我效能感。第二，人民调解员主动学习、感受人民调解委员会主任的道德自我效能感，从而获得自身较高的道德自我效能感。第三，人民调解委员会主任和人民调解员在调解纠纷矛盾时，主动把自己的正能量传递给双方当事人或者多方当事人，使当事人感受到正能量、社会主义核心价值观。如此，不仅能化解当前的矛盾纠纷，还会以高的道德自我效能感审视以后的工作生活，带来积极向上的和谐正能量。

二、研究假设

（一）人民调解委员会主任的服务型领导与组织公民行为、反馈寻求行为之间的相关关系

领导是在一定条件下为实现组织目标而对组织内群体或者个体实施影响的过程（Northouse，2001）。领导是员工工作感受的一个重要方面，其管理风格会对员工的心理状态产生影响。依据社会学习理论，作为人民调解员的行政领导，调解委员会主任的领导风格，会对人民调解员的工作状态产生影响。最初提出服务型领导这一概念的 Greenleaf（1977）认为，伟大的领导者都会把服务他人、服务组织、服务社会置于自身的利益之上，核心特征就是"服务"。通过向下属提供榜样示范和必要的指导培训，服务型领导者"服务他人"的特征会传递至下属身上，使下属也成长为"服务型员工"（Greenleaf，1970）。

在人民调解员的调解工作中，人民调解委员会主任的领导风

格可以界定为服务型领导风格，实际访谈中，可以得出和服务型领导定义一致的内涵。人民调解委员会的服务型领导风格符合人民调解工作的领导方式，在人民调解委员会主任的服务型领导方式下，人民调解委员会主任服务于人民调解员和组织及调解案件中的当事人，而调解委员会中的人民调解员也会继承这种"服务"意识，成长为"服务型员工"，服务于当事人和调解案件，更好地做好人民调解工作。服务型领导身上具有公仆的特质，包括使命感、共情、谦逊和博爱等（Sun et al.，2014）。相比于其他类型的领导风格，服务型领导本身就是一种无条件服务下属的自我激励行为。Ng 和 Koh（2010）也指出，具备自我提升和自我超越的价值观是成为服务型领导的必要条件。

关于领导行为对组织公民行为带来的影响一直是学界感兴趣的问题。学者对变革型领导、交易型领导、真诚型领导、辱虐管理与 OCB 之间的关系进行了研究（hen&Farh，1999；Walumbwa et al.，2010；Aryee et al.，2007）。由此可见，领导行为与组织公民行为的联系密不可分。

特别值得指出的是，根据 Van Dierendonck（2011）的研究，服务型领导这一领导行为作为本研究核心自变量会对组织公民行为的结果变量产生影响。他认为，当一个组织中的领导更多地实施服务型领导行为时，这个组织中的员工（下属）会更愿意行使其组织公民行为。由此可见，人民调解员的组织公民行为会受到人民调解委员会主任的服务型领导的影响。另外，根据社会学习理论，下属的服务态度会潜移默化地受到服务型领导榜样示范作用的影响，组织公民行为就是表现之一。在服务型领导的组织环境中，员工能够感受到领导的尊重和关爱，并在领导的培养下成长，从而对领导和领导所属组织产生认同，并期望能够回报领导或组织（Birkenmeier et al.，2003）。在工作环境中，员工努力工作并非仅仅出于工作义务，也可能是为了回报组织或上级的关爱与支持。人民调解员会在服务型领导的人民调解委员会主任的带动下，自觉自愿地承担起组织以外的工作。比如，人民调解员愿意帮助新同事适应调解工作的环境；愿意帮助同事解决工作上的问题；愿意与同事协调和交流；尤其在遇到集体上访等特殊案件时，有经验和资历的人民调解员还愿意主动去为同事顶岗，进入危险环境进行调解。而正是这种自觉自愿的行为促进了人民调解委员会的运作，减少了司法资源的浪费，促进了社会的和谐。据此，本研究提出如下假设：

假设 1a：人民调解委员会主任的服务型领导与人民调解员的组织公民行为呈正相关。

在组织行为学领域，随着理论工作者和实践工作者对绩效反馈概念产生浓厚的兴趣，员工的反馈寻求行为也受到了较多研究者的关注。在早期的反馈研究文献，如 Ilgen 等的研究中，主要关注的是信息发送者（领导）将信息反馈给接收者这一过程（Ilgen，1979）。后期的研究者如 Ashford 和 Cummings 则认为，下属员工可能主动地寻求反馈而不是被动等待信息的传递，因为员工们希望了解主管对自身工作的看法，并且获取这些信息也有利于他们更好地规划自身的职业。员工主动寻求反馈信息的这一类行为被称为"反馈寻求行为"。反馈寻求的对象可以分为上级领导、同事和朋友等（Ashford & Tsui，1991）。本研究所探讨的人民调解员反馈寻求的对象限定为其所在人民调解委员会的主任。

研究服务型领导与下属的反馈寻求行为的关系不仅可以探究积极领导行为对下属反馈寻求行为的影响路径，还可以在一定程度上扩展人们对服务型领导作用效果的认识。尽管目前尚未有研究对服务型人民调解委员会主任与人民调解员的反馈寻求行为的关系进行直接验证，但已有相关研究可以从侧面提供一定的思路。根据社会学习理论，个体认知、动机等心理因素是影响领导行为有效性的重要中介变量。已有研究表明，服务型领导所倡导的服务员工、尊重他人等理念有助于促进下属形成服务意识，而这种服务意识的直接表现形式是利他行为的提高，其中就包括以组织利益为导向，其反馈寻求行为也会得到增加。王震（2015）等学者就指出，"自下而上"的领导方式能够显著降低下属反馈规避行为。

领导作为主要的反馈源，其对员工反馈寻求行为的影响，是员工反馈寻求行为领域研究的一个热点。领导风格对反馈寻求行为起着关键性的作用。Lewy（2002）等学者的研究表明，变革型领导相较于交易型领导更能促进员工的反馈寻求行为，员工感知的领导特质，如领导的关怀性，与员工的积极反馈寻求倾向呈正相关。而一个服务型领导会更尊重下属的意见，更懂得照顾下属的感情，并且与下属之间建立共同的服务愿景。服务型人民调解委员会主任表明了组织高层具有的服务意识和行为，能够主动打破"领导—下属"间的天然等级所要遵循的惯例，接受人民调解员的咨询和请教，主动服务于人民调解员，能够接受负面反馈，这些特质也为人民调解员提供了一个积极的信号，即处于被管理地位的人民调解员，不用担心因为贸然进行的反馈行为而受到人民调解委员会主任的斥责；相反，他们敢于积极主动地向服务型人民调解委员会主任说实情、讲真话，较少地关注"丢面子"和社会风险这些反馈寻求行为的负面效应，从而有助于人民调解委员会主任作出正确的决策，促进人民调解委员会的组织发展。据此，本研究提出如下假设：

假设1b：人民调解委员会主任的服务型领导与人民调解员的反馈寻求行为呈正相关。

（二）人民调解员的道德自我效能感在人民调解委员会主任的服务型领导与人民调解员的组织公民行为、反馈寻求行为之间的中介作用

道德自我效能感最近十几年才进入学者的视线。道德自我效能感被定义为"一个人在面对道德困境时，对他自己可以在一定道德领域内，组织和调动实现道德表现所需要的动机、认知资源、手段、行动能力的一种信念"（Hannah et al. ，2011）。Hannah（2011）等学者还指出，道德自我效能感是很重要的：一方面，道德领导人可能会促进追随者，进行道德规范建设；另一方面，道德追随者也会把道德领导人作为榜样和示范，代表正直、善良和一个人努力的方向（Hannah et al. ，2011）。

大量研究表明，服务型领导能够促进员工的主动性、勤勉度和忠诚度（Panaccio et al. ，2015）。尽管服务型领导的维度很多，但是道德、利他是具有代表性的维度（吴明证等，2017），而且这两个维度可以使得员工具有较强的道德自我效能感。首先，服务行为的传导性。因为人民调解也是一种服务社会、服务大众的行为。服务型调解主任作为领导，强调服务意识，根据社会学习理论，服务型领导的服务意识能传递到人民调解员身上，使人民调解员的服务意识提升，更好地为当事人服务。从我国的人民调解实践来看，服务型领导风格对人民调解员，以及后续调解绩效的影响较大。其次，服务型调解主任强调回馈社会的重要性，不会为了追求成功而放弃道德的准则，具有良好的道德操守。根据社会学习理论，人民调解员会学习人民调解委员会主任的社会责任感与道德感，从而提升自我的道德效能感。最后，服务型调解主任也重视员工的职业发展，能够从情绪上关心、支持调解员的工作与生活。基于社会交换理论，人民调解员可以集中精力进行

调解工作，更加专注于用道德教化去影响当事人，因此，服务型调解主任能够提升人民调解员的道德自我效能感。Jaramillo（2009）等学者研究发现，服务型领导提高了员工对自我道德的感知程度，其道德感召力会降低员工从事不道德行为的可能性。

服务型的人民调解委员会主任在与人民调解员共事的过程中，会使人民调解员得到更多的服务、支持、资源，能够促进他们之间的心理交流和情感联络。服务型领导风格的人民调解委员会主任具有强烈的服务意识，在工作中以身作则，服务于人民调解员及当事人，让人民调解员能够感知到自己是被关爱、被信任和被需要的，强化了员工的存在感，激发员工认可、内化并效仿服务型领导的价值观念和行为。此外，服务型人民调解委员会主任的服务、授权还有助于激发和调动人民调解员道德表现的信念，从而提高其道德自我效能感，有助于引导调解委员会中的人民调解员在"服务"的氛围下，全面产生和发展道德自我效能感。

根据 Organ（1988）等人首次提出的组织公民行为这一定义，组织公民行为是指组织成员自愿做出的行为，这些行为没有得到正式的报酬系统直接而明确的认可，但从整体上有助于提高组织的效能。已有研究证明，工作满意度、组织承诺和知觉到的组织支持等，与组织公民行为之间呈正相关，但是，并未有关于道德自我效能感与组织公民行为之间关系的实证研究。根据以上对于道德自我效能感的定义和分析可知，道德自我效能感强调的是个体发挥其积极主动性和自身的道德优势，而在实际访谈过程中，我们也发现，拥有较高道德自我效能感的人民调解员，不仅会主动努力完成本职工作，而且在人民调解委员会主任强调服务意识的领导下，还会帮助他们的同事、保护组织的资源和超出要求地完成任务，即较多地表现出组织公民行为。这是因为：首先，人民调解员的道德自我效能感高，就会专心于进行道德教化，用自身的道德素养去影响当事人、指引当事人。在人民调解员的工作中，有分内工作与分外工作。根据资源保存理论，道德自我效能感高的人民调解员，他们更加有自身的道德资源，愿意投入分内与分外工作中，这些工作都对人民调解工作的完成有积极意义。其次，工作尤其是分外工作对人民调解员而言意义重大。因为，人民调解的工作是一个需要相互协同的工作。我的研究侧重于研究调解团队，因为人民调解的案件经常是复杂、多变的，需要同事们互相协作。单打独斗，很难把一个复杂的案件调解成功。因此，为了把调解工作做好，人民调解员必须不断调用自己的道德自我效能感这样一个非常重要与核心的资源，在调解过程中表现出更多的组织公民行为。据此，本研究提出如下假设：

假设 2a：人民调解员的道德自我效能感在人民调解委员会主任的服务型领导与人民调解员的组织公民行为之间起中介作用。

王雁飞等（2004）证明了自我效能在成就目标导向和反馈寻求之间的中介作用。由此可见，自我效能感在反馈寻求中的作用关系值得深究。自我效能感与个体认知关系密切，是人们为了完成特定目标所需要的信心，以往的经验影响人们的行为与选择、思维和情感模式（姚凯，2008）。Gist（2005）认为，自我效能感具有较好的稳定性，对个体特征有较强解释力；赵欣（2008）指出，自我效能感与认知直接关联，其与工作控制的匹配性和工作压力显著相关。因此，自我效能感对反馈认知具有更好的预测力。弱自我效能感的个体容易受到负面经验影响而被否定，更易表现为对自己信心和能力的认可不足，因此，个体在主动向他人获取评价时，更易患得患失、关注成本，缺乏对反馈结果的正确认知；强自我效能感的个体很难自我怀疑，面对困难坚持而不放弃，因此强自我效能感的个体对反馈的负面结果持客观接受的心态，在寻求反馈时会更关注反馈信息的价值和积极作用。

在实际访谈过程中，我们也发现，拥有较高道德自我效能感的人民调解员，不仅会主动努力完成他们自己的本职工作，而且在人民调解委员会主任强调服务意识的领导下，还会主动去寻求反馈。这是因为：首先，一个服务型领导更尊重下属的意见，更懂得照顾下属的感情，并且与下属之间建立共同的服务愿景，其中就包括高的道德自我效能感。人民调解员的道德自我效能感高，就会用自身的道德素养去影响当事人，指引当事人。其次，服务型人民调解委员会主任主动服务于人民调解员，愿意接受人民调解员的咨询和请教，而且能够接受负面反馈，高道德自我效能感的人民调解员就不用担心反馈所带来的影响。相反，道德自我效能感高的人民调解员，他们更愿意投入寻求反馈的工作中，从而有助于主任作出正确的决策，促进人民调解委员会的组织发展。最后，人民调解的工作需要相互协作，经常是三五个人一组对某一案件进行调解。在这个过程中，人民调解员就要积极地向主任寻求反馈，让主任从不同视角及时了解案件。对于复杂的案件，人民调解员要拿出一个综合调解方案，更好地进行调解。道德自我效能感高的员工被认为抗压能力比较强，能够较积极主动地寻求反馈（Brown et al.，2001；Renn & Fedor，2001）。所以，拥有高道德自我效能感的人民调解员与服务型领导情景更加匹配，这样的人民调解员会主动从主任和其他调解员那里寻求反馈用于自我提高。由于对自我能力的认可，在寻求反馈时很可能不惧怕社会风险等成本；加之由于对服务型领导行为的积极感知，个体寻求反馈的工具性动机占主导地位，依然关注寻求的反馈价值。因此，人民调解员的道德自我效能感会在人民调解委员会主任的服务型领导与人民调解员的反馈寻求行为之间起中介作用。据此，本研究提出如下假设：

假设 2b：人民调解员的道德自我效能感在人民调解委员会主任的服务型领导与人民调解员的反馈寻求行为之间起中介作用。

（三）人民调解员的和谐工作激情、道德自我效能感在人民调解委员会主任的服务型领导与人民调解员的组织公民行为、反馈寻求行为之间所起的链式中介作用

Greenleaf（1970）指出，服务型领导首先向下属灌输一种"服务他人"的欲望、态度和观念，使其变成"服务型员工"，表现出高水平的服务行为。根据社会学习理论，下属的服务态度会潜移默化地受到服务型领导榜样示范作用的影响，和谐工作激情和道德自我效能感就是其主要表现。服务型领导能够鼓励员工参与构思组织的愿景，强调相互之间共同的愿景，授予员工适当的工作自主权，以及，为员工提供各种所需服务（Dennis & Winston，2003）。这些典型的服务型领导行为能够满足下属的自主、成长需求，从而提高下属的个体自我认同感、和谐工作激情和道德自我效能感。受服务型领导榜样示范以及他们对"满足当事人需求"的影响，人民调解员在与当事人的交往接触中，会变得更加重视和关注当事人对所争议案件的需求，并有更强的倾向、意愿和道德诉求去服务于他们。由此，本研究认为，人民调解委员会主任的服务型领导行为能够促进人民调解员的和谐工作激情，进一步提升人民调解员的道德自我效能感。

在组织公民行为的研究过程中，对于组织成员表现出的组织公民行为，一直有"好战士"还是"好演员"之争（Bateman et al.，1983；Organ，1988）。不可否认，服务型领导风格的人民调解委员会主任会表现出更多的组织公民行为，而且这些组织公民行为由于有深层的服务意识为基础，不仅本身是"好战士"行为，还会把这种不谋个人私利的行为带给人民调解员。一般而

言，当个体帮助他人或做出有益于组织的行为后，心情会更加愉快。这是因为，经常有组织公民行为的人，本身会拥有比别人更多的和谐工作激情和更强的道德自我效能感。

Ashford 提出"反馈寻求"概念以来，学者们在不同领域对反馈寻求行为进行了大量研究，包括反馈寻求的动机、频率、类型、反馈认知、策略、目标等（Ashford et al.，2003）。但不论哪一种概念，都表明反馈寻求是为了能让个体改变被动地位，能够主动控制结果，获取有价值的资源；反馈信息具有评价性，寻求反馈是个体不断完善自我的过程；反馈认知决定了反馈寻求的策略、类型以及深度。通过反馈寻求行为，员工可以更好、更客观地评价自身的工作能力，努力掌握工作窍门来提高工作效率。如果员工预期反馈寻求行为能够带来正面的、积极的结果，他们会更加愿意从事反馈寻求行为；相反，反馈寻求行为的意向将受到削弱。由此可见，人民调解员在服务型人民调解委员会主任的领导下，能够促进其和谐工作激情的产生，进而激发其道德自我效能感，提高其组织公民行为和反馈寻求行为。

与第二节的假设不同的是，除了道德自我效能感可以在人民调解委员会主任的服务型领导与人民调解员的组织公民行为和反馈寻求行为中发挥中介作用之外，本研究还寻找到了另外一条路径，即挖掘了人民调解员工作的中介变量——和谐工作激情、道德自我效能感，两者在人民调解委员会主任的服务型领导与人民调解员的组织公民行为和反馈寻求行为的关系中发挥链式中介作用。具体而言，人民调解员在人民调解委员会主任的服务型领导下，提升了参加自己所热爱的人民调解工作的强烈愿望，自觉自愿地将人民调解工作视为重要的、有意义的事情，并与生活其他方面和谐匹配。他们将人民调解工作与自我进行了融合并和谐匹配之后，进一步树立和增强了道德自我效能感，有信心通过化解矛盾，把自己正确的价值观、高尚的道德情操、积极的生活态度输入给需要调解的双方或者多方当事人，从而把当事人的价值观引导到正确的道路上，让当事人和自己一样，成为一名拥有高尚道德情操，对家庭、社会都有价值的人。而人民调解员自身也能从中获得较高的组织公民行为及反馈寻求行为。柳世顺（2009）等学者的研究表明，自变量和因变量之间存在多个具有序列性特征的中介变量形成的中介链，称为链式多重中介模型。据此，本研究提出如下假设：

假设3a：人民调解员的和谐工作激情和道德自我效能感在人民调解委员会主任的服务型领导与人民调解员的组织公民行为之间起到链式中介作用。

假设3b：人民调解员的和谐工作激情和道德自我效能感在人民调解委员会主任的服务型领导与人民调解员的反馈寻求行为之间起到链式中介作用。

（四）人民调解员的工作绩效在人民调解员的道德自我效能感与人民调解员的组织公民行为、反馈寻求行为之间所起的调节作用

工作绩效一直是组织行为学领域研究的重点。在关于工作绩效的研究中，学者们早期关注的是整体绩效，将工作绩效简单地等同于任务绩效（Task performance）进行研究（Campbell et al, 1993）。而随着研究的不断发展，人们对工作绩效的认识也在不断深化。学者们发现，工作绩效本身所包含的内涵并不能用单一的维度来表示。因此，Katz 和 Kahn（1978）、Campbell（1993）等学者对工作绩效这一概念的内涵进行了重新的划定和研究。Borman 和 Motowidlo（1993）将下属的工作绩效分为任务绩效和关联绩效两种形式。任务绩效是指组织所规定的行为或与特定作

业有关的行为，是传统绩效评估的主要内容，属于员工（下属）的角色内行为（In-role behavior）；而关联绩效是员工（下属）在工作要求之外的有利于组织目标实现的一系列活动，属于角色外行为（Extra-role behavior）。而在之后的研究中，为了更好地区分绩效的内涵，学者们也大都习惯使用组织公民行为（OCB）来刻画这种角色外行为。定义的细分也在某种程度上说明，工作绩效本身和组织公民行为有着或多或少的联系。

在 Borman 和 Motowidlo（1993）提出任务绩效这一观点后，学者还发现了员工（下属）的自我效能感（Locke et al.，1984）、员工（下属）的责任感（Avis et al.，2002；Miller et al.，1999）对任务绩效也有直接作用。在员工（下属）的自身因素中，员工（下属）的自我感知因素（包括对工作的感知和自我效能感）对其任务绩效的影响尤其明显，并得到了学者们实证研究的支持。孟慧（2002）等学者也认为，个人的自我效能感会影响目标水平的选择，具有较高自我效能感的个体，其目标水平也更高，从而带来更高的绩效。Phillips 和 Gully 研究发现，自我效能感会通过提高个体的目标水平、努力程度、应付能力、持久性，对绩效产生直接的影响。由此可见，自我效能感与工作绩效呈正相关（李晓玉，2010）。对于工作绩效高的人民调解员，在其道德自我效能感比较高的时候，基于自己的绩效能力和自信，可能会产生更多的超越人民调解员基本职能的工作表现，表现出更多的角色外的行为。这种行为不是人民调解委员会强制要求的，而是人民调解员自发产生的，具有很强的组织公民行为的主动性，其自身的道德自我效能感和组织公民行为的关系很紧密。这是因为：首先，根据资源保存理论，组织公民行为需要有充足的资源才可以进行。道德自我效能感高的人民调解员具有较高的道德心理资源，在自身工作绩效高的情况下，可以让这样的资源获得充分的发挥，同时也更能够让团队同事信服。他们的道德心理资源的调用会更加顺利与成功，从而能够提升组织公民行为。其次，从认知决策的视角来看，工作绩效高的人民调解员，在拥有高道德自我效能感的情况下，他们自己的能力与成就使得自己拥有较高的道德决策能力，而且自己认为道德自我效能感很重要，认为基于原则的道德型教育对于调解委员会、当事人、社会都是有益处的。他们在工作绩效高的情况下，愿意对新进人民调解员进行培训，以"老带新"的方式来带动新入职的人民调解员快速成长，并愿意积极主动地帮助其他人民调解员。尤其是在遇到急难险重的调解任务时，主动询问负责案件的人民调解员，运用自己的社会资源，帮助其更好地进行联合调解，表现出更好的组织公民行为。据此，本研究提出如下假设：

假设4a：人民调解员的工作绩效正向调节人民调解员的道德自我效能感与人民调解员的组织公民行为之间的关系。人民调解员的工作绩效高、道德自我效能感高时，人民调解员的组织公民行为最高。

Morrison（1993）等学者研究了员工反馈寻求行为与工作绩效之间的关系。Morrison（1993）研究发现，新员工的反馈寻求行为与工作绩效呈正相关。而相反的是，Ashford 和 Black（1996）则提出，新员工反馈寻求行为与自己报告的工作绩效没有显著的关联。这种矛盾似乎也在说明，在员工反馈寻求行为与工作绩效之间可能存在着干扰因素。因此，Renn 和 Fedor（2001）进一步探讨了反馈寻求行为与工作绩效的关系。他们认为，员工在寻求反馈过程中可以通过目标设定影响工作绩效（工作质量和工作数量两个维度），说明在绩效反馈基础之上提高目标会干扰反馈寻求行为与工作绩效之间的关系，反馈寻求行为通过员工设立的目标与工作数量和工作质量呈正相关。这个研究在一定程度上解释了之前理论研究中的矛盾，但由于研究者忽略了组织因素的影响和情境因素的调节作用，因而还需进一步完善。Lam（2007）等学者认为，上级对于下属反馈寻求行为的归因会影响反馈寻求行为与工作绩效的关系，证实了经常主动寻求反馈的员工不仅对组织认同程度高，能很快融入组织，在工作中表现出良好的任务绩效和创新绩效，而且能更好地与上级建立高质量的关系，并表现出较低的离职倾向。因此，组织中的反馈寻求行为对个体和组织发展都有积极的影响。

对于工作绩效高的人民调解员，当自身的道德自我效能感比较高时，基于自己出色的绩效能力和对自己工作的自信，可能会更加愿意主动向人民调解委员会主任及周围同事寻求反馈。比如，会询问对自己整体工作绩效的看法，会询问有关自己专业技能的信息，会询问自己的态度和行为是否符合组织价值观，会询问自己的社会行为表现如何等，从而获得对自己有价值的信息，以便对自我的行为进行及时的补充和修正。其自身的道德自我效能感和反馈行为的关系紧密，促进个体和组织的长远发展。

假设4b：人民调解员的工作绩效正向调节人民调解员的道德自我效能感与人民调解员的反馈寻求行为之间的关系。人民调解员的工作绩效高、道德自我效能感高时，人民调解员的反馈寻求行为最高。

（五）人民调解员的威权调解风格在人民调解员的道德自我效能感与人民调解员的组织公民行为、反馈寻求行为之间所起的调节作用

人民调解员的威权调解风格指的是，人民调解员在人民调解工作中，适度地强调个人的绝对权威，用自身所具备的法律常识、心理技能及调解技巧，在案件中找到"情、理、法"的契合

点，对双方或者多方当事人进行适度控制，涵盖"教诲""责备""批评""指导"等立威行为，当事人相应地表现出"敬畏、听从"等行为。

我国自古就有宗族调解、乡村调解、亲邻调解的法文化传统，传统民间调解的调解人往往是有一定威望的人士，他们本身就是当地百姓心目中的权威，比如村落中的村长、宗族中的族长等。他们除了身份的权威，在调解中使用的也都是威权调解风格，对当事人进行批评教育，要求双方当事人反省自身，各自退让。新中国成立以来，尤其是改革开放以来，治国方略逐渐由"人治"转向"法治"，使社会结构、社会成员的心理结构乃至纠纷解决的行为模式都发生了巨大变化。但不变的是，大多数人都认为，人民调解员应该是一些受尊敬的人，是被视为"德高望重"或者"有信用"的人物，他们扮演的是该区域主流价值观和公认行为规范的代言人，而他们所使用的威权调解风格也容易被受这种价值观、行为规范约束的当事人所接受。

费孝通先生在《乡土中国》中就描述了他参与的一个调解案例："负有调解责任的是一乡的长老，他的公式总是把那被调解的双方都骂一顿。'这简直是丢了我们村子里脸的事！你们还不认了错回家去。'接着教训了一番。有时竟然拍起桌子来发一通脾气。他依着他认为'应当'的告诉他们。这一阵却极有效，双方时常就和解了，有时还得罚他们请一次客。我那时常常觉得像是在球场旁看裁判官吹哨子、罚球。"文中"长老的公式"显然指的就是威权调解风格，这是极具中国特色的调解风格。我们在前期访谈中也发现，使用此种威权调解风格的人民调解员因为自身具有权威性，其道德自我效能感比较高，在完成自身调解工作之外，自然就会关注其他人民调解员的调解工作情况，询问是否需要协助和帮忙，表现出更多的角色外的行为。比如，在访谈中，有威权调解风格的人民调解员说，自己主动担负起新入职人民调解员的培训和指导工作，已经通过"老带新"的方式带出了20名左右的人民调解员，让他们掌握了调解工作技巧；另外，主动与其他调解员进行交流和分享；帮助其他人民调解员进行复杂案件的调解；保护人民调解委员会的资源——这些行为都是拥有威权调解风格的人民调解员自发产生的。可见，当人民调解员的威权调解风格较高时，其自身的道德自我效能感和组织公民行为的关系就越紧密。据此，本研究提出如下假设：

假设5a：人民调解员的威权调解风格正向调节人民调解员的道德自我效能感与人民调解员的组织公民行为之间的关系。人民调解员的威权调解风格高、道德自我效能感高时，人民调解员的组织公民行为最高。

仲兵和刘爱芳（2009）通过对90名在职公务员和125名非公务员的抽样调查发现，公务员与非公务员相比，具有明显的权威人格倾向，而且这种权威人格倾向与职务高低无关。当高权威人格者拥有较强的权利感时，他们更关注规则的合法性，也更倾向于以权利自觉让他人服从自己，但是当面对一个高于自己的合法权威时，他们会更愿意服从这个权威。社会心理学关于说服的研究也发现，当调解主体是有魅力的人、是被说服对象认可的威权时，会取得较好的说服效果，并且越是社会地位较低、受教育程度较低以及生活在集体主义文化中的个体，越倾向于听威权的话。就像David（2006）的研究结论，大部分人会去顺从来自外部的权威，大部分人还是服从权威人士的命令而去做某事。

权威人格的特质以及与其相关的心理学研究给人民调解员在解决纠纷时带来一些提示。传统文化中的调解，往往同时带有道德教化的功能，特别是当调解的主体是道德权威时，往往会依据调解者本人的道德标准做出判断，对双方进行批评教育，要求双方反省自身，各自退让。孔子曾说："听讼，吾犹人也，必也使无讼乎。"告诉大家，断案的目的是使人们拥有道德意识，而没有诉讼。儒家思想认为，争讼是件坏事，是教育者、政府官员、社会管理者在道德教育上的失败。它提倡的是，人们在发生纠纷时不要用诉诸法律来解决争端，而是要用传统的伦理道德等观念，以一种"温和"的方式来进行调解，从而达到解决争端的目的，争议双方也应当从中受到说服和教育。对于拥有威权调解风格的人民调解员，当自身的道德自我效能感比较高时，基于对自己工作的认可和对于自我道德教化的自信，可能会更愿意向人民调解委员会主任及周围同事寻求反馈，来审视自己所使用的调解风格是否适用于当前调解案件；所出具的调解方案是否真正被当事人接受；是否真正为当事人化解了矛盾和问题；有没有对人民调解委员会产生不利的影响——以获得对自己有用的资讯，来修正自己的行为。其自身的道德自我效能感和反馈寻求行为的关系越紧密，越能促进自我和人民调解委员会更好地发展。基于以上论述，本研究提出下列假设：

假设 5b：人民调解员的威权调解风格正向调节人民调解员的道德自我效能感与人民调解员的反馈寻求行为之间的关系。人民调解员的威权调解风格高、道德自我效能感高时，人民调解员的反馈寻求最高。

三、研究模型

基于以上研究假设，本研究的研究模型如下：

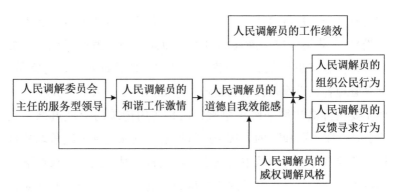

图 3-1 研究模型

第四章　调解主体内生动力研究方法

为了实现对以上研究模型的检验，本研究采取定性研究方法与定量研究方法相结合的方法。定性研究主要包括文献研究和实地访谈。文献研究主要是为了积累更多理论知识和前人的研究结论，以便更好地搭建本研究的理论模型；访谈的目的主要在于获取关于研究场景、研究对象的感性素材，并为定量研究积累测量条目（Measurement items）。定量研究包含两个部分，首先是预研究，预研究主要是为本研究的一些核心变量开发新量表或改变旧量表，为正式问卷调查明确测量工具；与此同时，通过定性访谈的方式为本研究上面确定的研究模型进行初步验证。其次，在预研究的基础上，利用新开发或改编的量表对核心变量进行测量，展开大规模的问卷调查，以所搜集的数据为基础，对调查数据利用 SPSS 21.0 进行数据分析，以验证研究模型。

一、预研究

如前所述，预研究的主要目标是为正式问卷调查明确测量工具。具体而言，我们需要对那些文献中不能使用的测量量表进行修正或重新开发。虽然已有文献能够提供本研究所需关键变量的测量量表，但目前来看，有几个变量需要针对人民调解的工作情境进行修正。例如，威权调解风格、道德自我效能感等。

访谈研究的基本程序如下：

（1）根据初步设定的研究模型，梳理本研究的关键变量以及变量间的关系，依据这些信息，编制访谈提纲。

（2）我们对人民调解委员会主任和人民调解员进行随机访谈，了解他们在调解工作时的状态及情况，例如是否存在着人民调解委员会主任对人民调解员的"服务型领导"作用，具体表现是什么样的，影响调解成功的因素都有哪些方面，等等，并全程记录访谈过程。

（3）将访谈时的音频文件转为文字。

（4）对访谈文字进行分析，提炼出有用的重要的信息，为进一步确立研究模型、确立测量量表服务。

在访谈这一研究结束后，会得到关于某些变量的测量信息，再结合文献中已有的测量量表工具，对已有的量表进行完善，使其更加符合本研究所要解释的问题。过程如下：

（1）扩大变量的测量项目池（item pool），该项目池包括了文献中已有的测量项目和我们从访谈过程中获取的典型表现的文字表述；

（2）对项目池中的测量项目进行初步精炼、修改，以适合人民调解的工作情境，并能置于问卷中进行填答汇报；

（3）对上一步获得的测量项目进一步优化；

（4）编制预研究问卷，把修正后的测量量表设计在预研究问卷中，找 200 名左右的人民调解员来填答该问卷；

（5）利用以上数据，采用探索性因子分析方法，以量化研究方式确认（或修改）量表，为正式问卷调查做好准备。

二、预研究过程

（一）预调研访谈阶段

2016 年 8 月—2017 年 7 月，本研究进行了预调研。该阶段的主要目的在于通过对人民调解委员会主任及人民调解员的小规模预访谈来初步确定研究课题。访谈分为 4 次。

（1）2016 年 8 月 3 日，在北京市公安局海淀分局人民调解委员会，访谈人民调解委员会主任及人民调解员 10 人左右。

（2）2016 年 9 月 29 日、30 日，在北京市司法局人民调解员培训会议期间，访谈人民调解委员会主任及人民调解员 22 人。

（3）2016 年 10 月 30 日，在北京市西城区人民调解协会，访谈人民调解委员会主任及人民调解员 10 人左右。

（4）2017 年 7 月 14 日，在北京市西城区人民法院、北京市公安局西城分局展览路派出所人民调解委员会、北京市西城区月坛街道人民调解委员会，分别访谈诉前人民调解委员会主任及人民调解员 10 人左右、派出所人民调解委员会主任及人民调解员 5 人、村居基层人民调解委员会主任及人民调解员 5 人。

此次调研的对象为人民调解委员会主任及人民调解员，来自北京市的人民调解委员会。研究者尽量让受访的人民调解委员会主任及人民调解员能够覆盖所有不同调解委员会类型、性别、受教育程度及各个年龄段等。具体地，研究者向人民调解委员会主任及人民调解员询问了关于"是否热爱人民调解工作？为何在工资、福利不高的情况下，却热爱人民调解工作？"（即本研究关注的和谐工作激情、道德自我效能感）等问题。研究者对每位被访谈者（人民调解委员会主任及人民调解员）的访谈时长均超过 1 个小时，以更全面、充分地获得鲜活和直观深入的第一手资料。经访谈对象允许后，研究者在访谈过程中用录音笔把访谈内容全程录下。在访谈结束后，研究者把访谈内容转化为文字，并对其进行了相应的分析。在此基础上，最终确定了研究主题，即"人民调解工作新视角：和谐工作激情、道德自我效能感的作用"（访谈提纲等内容，详见附件一至四。访谈内容的一级、二级编码，详见附件九）。

（二）预研究问卷收集阶段

为了对本研究中涉及的各项关键变量及相关变量进行分析，2017 年 11 月 23 日，研究者对北京市范围内的人民调解委员会主任及人民调解员进行了随机问卷调研。此次调研样本 200 份，有效样本为 182 份，样本来源于北京市范围内的人民调解委员会。涉及的变量包括服务型领导、和谐工作激情、道德自我效能感、威权调解风格、工作绩效等。

三、预研究结果

2017 年 11 月 23 日，研究者对北京市范围内的人民调解委员会主任及人民调解员进行了随机问卷调研，共有 182 份有效问卷，借助 SPSS21.0 统计分析软件对涉及的变量进行信度分析。

信度分析能够帮助研究者判断变量测量的准确性。变量测量的信度越高，说明变量测量的准确度越高，研究也越有说服力。通常研究中判断一个变量测量问卷信度的时候，常常采用 Cronbach's Alpha 系数来作为其判断标准：当 α>0.7 的时候，说明信度可以接受；当 α>0.8 时，表明变量量表的信度很好。

研究者基于收集的 182 份样本，对各个变量量表进行了信度分析。结果如下。

表 4-1 各变量信度分析结果

变量		Alpha
P1Q1-7	服务型领导	0.837
P1Q2-4	威权调解风格	0.704
P1Q3-12	和谐工作激情	0.894
P1Q5-15	道德自我效能感	0.790
P1Q9-4	工作绩效	0.864

本研究变量：服务型领导、和谐工作激情、道德自我效能感、工作绩效采用的均是已有成熟量表，各个变量的 Cronbach α 系数均大于临界值 0.7，表明各个变量的信度较好。威权调解风格量表，在樊景立和郑伯埙（2000）威权领导量表的基础上，加入人民调解情境改编，这一变量的 Cronbach α 系数为 0.704，研究者对其量表进行了更加符合人民调解工作情境的修改。根据"道德自我效能感"这一变量的 Cronbach α 系数为 0.790，对"道德自我效能感"进行了中英文的翻译对照，即把英文量表遵循标准的翻译和回译的程序翻译成了中文。此次变量测量结果表明，本研究的数据具有良好的信度水平，数据的结果是可靠的，这为下面开展的主研究打好了基础。

四、主研究设计及数据收集过程

主研究的对象来自北京市丰台区司法局、东城区司法局、西城区司法局下属的人民调解委员会。本研究采用随机抽样的方式，每个区随机抽取 20 个左右的人民调解委员会，每个人民调解委员会有 5 名左右人民调解员。最终抽取 66 个人民调解委员会，共 66 名人民调解委员会主任，277 名人民调解员，进行人民调解委员会主任和人民调解员的配对，组成一个研究单元，一次取样，分别收取问卷。

为减少和尽量避免研究中可能存在的同源误差，问卷分为人民调解委员会主任和人民调解员两个版本，从人民调解委员会主任和人民调解员两个评价源来评价数据，减少由于同评价源而导致的共同方法偏差。人民调解委员会主任主要对人民调解员的工作绩效、组织公民行为、反馈寻求行为进行评价。人民调解员主要对人民调解委员会主任的服务型领导进行评价；对和谐工作激情、道德自我效能感、威权调解风格等进行自评。

五、主研究变量测量

本研究的主要关键变量包括：服务型领导、和谐工作激情、道德自我效能感、威权调解风格、工作绩效、组织公民行为、反馈寻求行为。

本研究所设计的量表里，都使用李克特（Likert）七点尺度量表法来进行测量，从"1"到"7"，分成 7 个程度，来区分非常不符合到非常符合之间的尺度。

（一）服务型领导的测量量表

本研究中，服务型领导采用的定义是 Hunter 在 2004 年提出的，服务型领导是为了使员工有共同的奋斗目标而充分发挥领导的能力，并且使自己的领导能力得到员工的充分信任，因此服务型领导的核心是充分发挥自己作为领导的影响力，为他人的利益着想，努力实现他人的目标。

关于服务型领导的测量量表，来源是：Liden, R. C. , Wayne, S. J. , Liao, C. , & Meuser, J. D. （in press）. Servant leadership and serving culture: Influence on individual and unit performance. Academy of Management Journal.

（1）如果我遇到私人问题，我会向我的直接上司寻求帮助。

（2）我的直接上司强调回馈社会的重要性。

（3）如果有事情在向错误的方向发展，我的直接上司能够发现。

（4）我的直接上司给我自由，去以我认为最佳的方式来处理棘手的情况。

（5）我的直接上司会优先考虑我的职业发展。

（6）我的直接上司把我的最佳利益放在他/她自己的利益之前。

（7）我的直接上司不会为了追求成功而放弃道德的准则。

（二）和谐工作激情的测量量表

本研究中，和谐工作激情采用的定义是社会心理学家 Vallerand 等学者在 2003 年提出的，即"对人们偏好行为的一种强烈倾向，他们认为它很重要，并且愿意投入时间和精力"。

关于工作激情的测量量表，加入了人民调解情境，进行了改编，原始量表来源是：Vallerand et al. Les passions de l'ame: on obsessive and harmonious passion. ［J］. Journal of Personality & Social Psychology, 2003, 85（4）: 756-67.

（1）调解工作让我经历各种各样的体验。

（2）我更欣赏在调解工作中所发现的新事物。

（3）工作使我体会到很多令人难忘的经历。

（4）我欣赏的自身特质在这份工作中展现得淋漓尽致。

（5）调解工作与我生活中的其他活动是和谐的。

（6）对我来说这份工作充满激情，我仍能对这份激情控制得当。

（7）我完全投入了这份工作。

（三）道德自我效能感的测量量表

本研究中，道德自我效能感采用的定义是 Hannah 等学者在 2011 年提出的，即"一个人在面对道德困境时，对他自己可以在一定道德领域内，组织和调动实现道德表现所需要的动机、认知资源、手段、行动能力的一种信念"。

本研究采用的道德效能感测量量表来自 Fischbach（2015），加入人民调解情境，进行改编。原始量表来源：Fischbach, S. 2015. Ethical Efficacy as a Measure of Training Effectiveness: An Application of the Graphic Novel Case Method Versus Traditional Written Case Study. Journal of Business Ethics, 128: 603-615.

（1）在调委会中做出道德决策是在我的能力范围之内。

（2）在调委会中工作时，做出正确的道德决策对我来说不会有任何问题。

（3）我相信自己做出道德决策的能力等于或超过同龄人。

（4）我的教育经历和成就使我相信，我能够在调委会中做出正确的道德决策。

（5）道德教育是重要的。

（6）道德教育对我来说意义重大。

（7）道德教育是有价值的。

（8）道德教育是有益的。

（9）参与基于（调委会）原则的道德教育，可以提高我对道德问题和正确决策中复杂性的认识。

（10）在调委会中我想学习更多道德原则。

（11）我相信进行基于原则的道德教育对调委会是有价值的。

（12）道德教育对我而言没有意义。

（13）道德教育是无关紧要的。

（14）道德教育是无用的。

（15）道德教育是不必要的。

（四）工作绩效（任务绩效）的测量量表

本研究中，对于工作绩效，采用了 Kane（1976）的定义：工作绩效是员工在执行工作任务时于某一特定时间内所产生的工作输出。

工作绩效量表，主要涉及 4 项。来源：Van Dyne，L.，& LePine，J.A.（1998）.Helping and voice extra-role behaviors：Evidence of construct and predictive validity. Academy of Management Journal，41，108-119.

（1）充分地完成了安排的工作。

（2）完成了工作描述中的具体职责。

（3）完成了对他/她期待的任务。

（4）满足了规定的工作绩效要求。

（五）威权调解风格的测量量表

人民调解员的威权调解风格指的是，人民调解员在人民调解工作中，适度地强调个人的绝对权威，用自身所具备的法律常识、心理技能及调解技巧，在案件中找到"情、理、法"的契合点，对双方或者多方当事人进行适度控制，涵盖"教诲""责备""批评""指导"等立威行为，当事人相应地表现出"敬畏、听从"等行为。

人民调解员的威权调解风格量表，在樊景立和郑伯埙（2000）威权领导量表的基础上，加入人民调解情境改编。

（1）我希望能够掌控自己所调解的案件。

（2）我希望当事人服从我的调解。

（3）制订调解方案时，调解团队都按照我的意思做决定。

（4）我向我的当事人展现出了卓越的调解工作绩效。

（5）在当事人面前，我表现出威严的样子。

（6）当事人不听劝解时，我会适当责备他们。

（六）组织公民行为的测量量表

本研究中，对于组织公民行为，采用了 Organ（1988）的定义：组织公民行为是指组织成员自愿做出的行为，这些行为没有得到正式的报酬系统直接而明确的认可，但从整体上有助于提高组织的效能。

组织公民行为量表，采用 Farh（1997）等开发的量表，只用第二个维度：helping。主要涉及 4 项。来源：Farh J L, Earley P C, Lin S C. Impetus for action: A cultural analysis of justice and organizational citizenship behavior in Chinese society ［J］. Administrative science quarterly, 1997: 421-444.

（1）愿意帮助新同事适应工作环境。

（2）愿意帮助同事解决工作上的问题。

（3）必要时，愿意为同事顶岗，帮他（她）完成工作任务。

（4）愿意与同事协调和交流。

（七）反馈寻求行为的测量量表

本研究中，对于反馈寻求行为，采用了 Ashford 和 Cummings（1983）的定义：将反馈视为个体所具有的一项富有价值的信息资源，个体不一定是反馈信息的被动接受者，而是可以选择主动地寻求反馈的主体。

反馈寻求行为量表，采用了 VandeWalle（1997）等开发的量表，来源：VandeWalle, D., Ganesan, S., Challagalla, G. N., & Brown, S. P.（2000）. An integrated model of feedback-seeking behavior: Disposition, context, and cognition. *Journal Applied Psychology*, 85, 996-1003.

（1）会询问我对他（她）整体工作绩效的看法。

（2）会询问有关他（她）专业技能的信息。

（3）会询问他（她）的态度和行为是否符合组织价值观。

（4）会询问我对他（她）的工作期望。

（5）会询问他（她）的社会行为表现。

（八）控制变量

为确定本研究的控制变量，在前期访谈中，我们与 60 名左右的人民调解委员会主任及人民调解员进行了交流，捕捉影响调解工作的控制变量。在访谈中发现，人民调解员的年龄、性别、学历、职位、级别、工资水平等各不相同，不同的年龄、性别、受教育程度对组织公民行为和反馈寻求行为都有明显的影响。为了便于研究，我们把这些变量作为控制变量。

在访谈时，我们还发现了一个不同于其他行业的现象：大家一致认为，比较适合做调解员工作的是"五老"，即老党员、老干部、老军人、老教师和老律师、老法官等老法律工作者。人民调解员的素质往往比较高，尤其是最适合做人民调解员的"五老"。他们具有一定的管理能力，有其自身的社会资本，可以通过自己在社会上的影响力及人脉，促成案件调解的快速多元化解决。访谈中挖掘深层次的原因：一是"五老"的素质高、学历高，具有一定的管理能力，能够在调解工作中运用自己的管理经验进行调解。二是这些退休下来的"五老"有其自身的社会资本，可以通过自己在社会上的影响力及人脉，促成案件调解的快速多元化解决。三是"五老"在退休之前，都在各自的工作岗位上发挥着举足轻重的作用；退下来之后，他们又闲不住，要求主动发挥余热，帮助当事人化解矛盾，从而提高他们自身的幸福感。还有不容忽视的一方面是，"五老"的家庭并没有太大的经济等方面的负担，环境的支持也是其中非常重要的原因之一。

最后综合相关研究，本研究确定的控制变量有性别、年龄、受教育程度。

第五章　调解主体内生动力研究分析

一、调查基本情况

本研究在 2017 年 10—11 月通过问卷发放收集数据，样本来源于北京市丰台区司法局、东城区司法局、西城区司法局下属的人民调解委员会。研究采取配对调查方式，分人民调解委员会主任问卷和人民调解员问卷 2 种。本研究发放人民调解委员会主任问卷 70 份，收回 66 份；发放人民调解员问卷 300 份，收回 277 份。人民调解员问卷回收率为 92%，人民调解委员会主任问卷回收率为 94%。司法部基层司、北京市司法局、北京市各区县司法局对人民调解科研工作的支持使本研究获得了较高的问卷回收率。最终样本为 66 名人民调解委员会主任，277 名人民调解员，进行 66 对人民调解委员会主任—人民调解员的成功配对。本研究对涉及的人民调解委员会主任及人民调解员的控制变量（性别、年龄、受教育程度、从事人民调解工作时间、是否是"五老"等）、自变量（人民调解委员会主任的服务型领导）、中介变量（人民调解员的和谐工作激情、道德自我效能感）、调节变量（人民调解员的工作绩效、威权调解风格）、结果变量（人民调解员的组织公民行为、反馈寻求行为）进行了均值分析和相关性分析。

该样本中，人民调解员的年龄均值约为 45.39 岁（SD = 12.00），大多在 31—40 岁之间（占总人数的 32.5%）；人民调解委员会主任的年龄均值约为 46.28 岁（SD = 10.20），大多在 51—

60 岁之间（占总人数的 35.0%）。人民调解员男性占 24.2%，女性占 75.5%；人民调解委员会主任中男性占 45.1%，女性占 54.9%。人民调解员受教育程度，高中及以下占 20.9%，大学（含大专）占 77.6%，硕士及以上占 1.4%；人民调解委员会主任的受教育程度，高中及以下占 20.6%，大学（含大专）占 79.4%。人民调解员从事人民调解的工作年限约为 69.33 个月（SD=50.46），人民调解委员会主任的工作年限约为 70.58 个月（SD=48.74）。人民调解员中"老党员"占 26.5%，"老干部"占 4.1%，"老军人"占 1.1%，"老教师"占 3.0%，"老律师、老法官等老法律工作者"占 2.2%；人民调解委员会主任中"老党员"占 40.4%，"老干部"占 5.1%，无"老军人""老教师""老律师、老法官等老法律工作者"。

二、变量信度分析

调查问卷的信度是保证实证研究科学性和严谨性的前提，因此，在对各变量进行进一步的相关分析以及回归分析之前，先对本研究的所有变量的信度水平进行了分析和检验。本研究主要借助 SPSS21.0 统计分析软件对涉及的变量进行信度分析，具体结果见表 5-1。

信度分析能够帮助研究者判断变量测量的准确性。变量测量的信度越高，说明变量测量的准确度越高，研究越有说服力。通常研究中判断一个变量测量问卷信度的时候，常常采用 Cronbach's Alpha 系数来作为其判断标准：当 α>0.7 的时候，说明信度可以接受；当 α>0.8 时，表明变量的信度很好。本研究所用的 7 个主要变量中，有 4 个变量的 α 系数大于 0.8，2 个变量的 α 系数大于 0.7，只有威权调节风格这个变量的 α 系数为 0.69。根据此次变量测量，本研究的数据具有良好的信度水平，数据的结果是可靠的。

表 5-1　各主要变量的信度系数

变量	条目数量	α 系数
1. 服务型领导	7	0.77
2. 和谐工作激情	7	0.80
3. 道德自我效能感	15	0.87
4. 工作绩效	4	0.80
5. 威权调解风格	6	0.69
6. 组织公民行为	4	0.78
7. 反馈寻求行为	5	0.81

本研究变量中：服务型领导、和谐工作激情、工作绩效、组织公民行为、反馈寻求行为采用的均是已有的成熟量表，各个变量的 Cronbach α 系数均大于临界值 0.7，表明各变量题项的内部一致性较好。道德自我效能感加入人民调解情境，进行改编，这一变量的 Cronbach α 系数大于临界值 0.7，表明该变量题项的内部一致性较好。威权调解风格量表，在樊景立和郑伯埙（2000）威权领导量表的基础上，加入人民调解情境改编，这一变量的 Cronbach α 系数为 0.694，接近 0.7。

三、变量效度分析

为了进一步验证概念之间的区分效度，运用 AMOS 22.0 的结构方程进行验证性因子分析。在进行验证性因子分析前，采用"项目—结构平衡法"进行因子打包，将每个变量的题项依据载荷大小打包为三个因子，然后进行分析。

表 5-2 验证性因子分析结果

模型	因子	$\chi 2/df$	NFI	IFI	TLI	CFI	RMSEA
模型1（七因子）	A, B, C, D, E, F, G	1.97	0.88	0.94	0.91	0.94	0.06
模型2（六因子）	A+B, C, D, E, F, G	2.78	0.83	0.88	0.84	0.88	0.08
模型3（五因子）	A+B, C+D, E, F, G	4.79	0.69	0.74	0.66	0.74	0.12
模型4（四因子）	A+B, C+D, E+F, G	6.41	0.58	0.62	0.52	0.61	0.14
模型5（三因子）	A+B, C+D, E+F+G	6.96	0.53	0.57	0.47	0.56	0.15
模型6（二因子）	A+B+C+D, E+F+G	8.30	0.43	0.47	0.35	0.46	0.16
模型7（单因子）	A+B+C+D+E+F+G	9.89	0.32	0.34	0.21	0.33	0.18

注：N=277；A、B、C、D、E、F、G 分别代表服务型领导、和谐工作激情、道德自我效能感、工作绩效、威权调解风格、组织公民行为和反馈寻求行为；"+"代表前后两个因子合并

表 5-2 结果表明，由服务型领导、和谐工作激情、道德自我效能感、工作绩效、威权调解风格、组织公民行为和反馈寻求行为组成的七因子模型，各项拟合指标均达到可接受的水平（$\chi 2/df = 1.97$；NFI = 0.88；IFI = 0.94；TLI = 0.91；CFI = 0.94；RMSEA = 0.06），且与六因子、五因子、三因子、二因字和单因子模型进行比较，拟合优度最佳，可以进行后续的假设检验。

四、变量相关关系分析

在研究中，常常将相关分析作为回归分析的基础。基于此，本文采用 Pearson 相关分析法，对所研究变量进行了相关分析（具体结果见表 5-3）。通过相关分析虽然不能分析出各个变量之间的因果关系，但是却可以根据相关关系表初步看出各个变量之间的紧密程度。

表5-3 各主要变量的均值、标准差和变量间相关系数

变量	1	2	3	4	5	6	7	8	9	10	11	12	13
1. 调解员年龄	1												
2. 调解员性别	.01	1											
3. 调解员学历	-.67**	-.03	1										
4. 主任年龄	.14*	-.05	.03	1									
5. 主任性别	-.04	.07	.15*	.05	1								
6. 主任学历	-.08	.10	.00	.61**	.03	1							
7. 服务型领导	-.04	.04	-.04	.02	-.07	-.08	(.77)						
8. 和谐型工作激情	.06	-.03	-.10	.00	-.04	-.02	.45**	(.80)					
9. 道德自我效能感	.04	.09	-.01	.02	.04	-.01	.35**	.54**	(.87)				
10. 工作绩效	-.04	-.02	.04	-.22**	-.06	.17**	-.01	.05	.12*	(.80)			
11. 威权调解风格	.11	-.07	-.23**	-.13*	-.10	.13*	.40**	.34**	.09	-.03	(.69)		
12. 组织公民行为	.08	.01	-.05	-.16**	-.01	.02	.24**	.11	.20**	.45**	.02	(.78)	
13. 反馈寻求行为	.06	-.04	-.07	-.18**	-.21**	.06	.12*	.08	.16**	.60**	.06	.52**	(.81)
平均值（M）	45.39	1.76	3.19	46.28	1.55	3.13	5.25	5.74	6.02	5.91	4.47	5.79	5.64
标准差（SD）	12.00	.43	.92	10.20	.50	.76	.91	.67	.58	.81	.91	.89	.90

注：N=277；** 表示 p<0.01；* 表示 p<0.05；对角线括号内的数值为信度系数 Cronbach's α 值

从表5-3中可以了解到，服务型领导均值在5以上，表明人民调解委员会主任具有良好的服务意识；员工和谐工作激情、道德效能感、工作绩效、组织公民行为和反馈寻求行为的均值也大于5，表明人民调解员对待调解工作积极主动，认真负责，同时也有强烈的道德感；此外，威权调解风格的均值在4以上。通过对各个变量的统计的分析，可以看出每个个体对于某一项目的认同程度。一般而言，标准差（SD）越小，说明每个人对于某一变量的认同程度越一致。

此外，从相关系数可以看出，变量间的相关性与本文先前的假设是一致的：服务型领导与和谐工作激情（$\gamma = 0.45$, $p < 0.01$）、道德自我效能感（$\gamma = 0.35$, $p < 0.01$）、组织公民行为（$\gamma = 0.24$, $p < 0.01$）和反馈寻求行为（$\gamma = 0.12$, $p < 0.05$）都呈显著正相关关系；和谐工作激情与道德自我效能感（$\gamma = 0.54$, $p < 0.01$）呈显著正相关关系；道德自我效能感与组织公民行为（$\gamma = 0.20$, $p < 0.01$）和反馈寻求行为（$\gamma = 0.16$, $p < 0.01$）都呈显著正相关关系；工作绩效与组织公民行为（$\gamma = 0.45$, $p < 0.01$）和反馈寻求行为（$\gamma = 0.60$, $p < 0.01$）都呈显著正相关关系。

五、假设检验分析

本研究采用层级回归（Hierarchical Regression Modeling, HRM）的方法来验证假设关系。层级回归结果列在本节各表中。首先，本文验证了人民调解委员会主任服务型领导对于人民调解员的组织公民行为和反馈寻求行为的主效应；其次，验证了人民调解员的道德自我效能感在人民调解委员会主任的服务型领导与人民调解员的组织公民行为、反馈寻求行为之间所起的中介作用；再次，检验了人民调解员的和谐工作激情、道德自我效能感在人民调解委员会主任的服务型领导与人民调解员的组织公民行为、反馈寻求行为之间所起的链式中介作用；最后，验证了人民调解员的工作绩效、威权调解风格所起的调节作用，工作绩效和威权调解风格调节的是人民调解员的道德自我效能感与人民调解员的组织公民行为、反馈寻求行为之间的关系。

（一）人民调解委员会主任服务型领导与人民调解员的组织公民行为

由表5-4的数据结果可知，在控制了人民调解委员会主任的性别、年龄、学历，人民调解员的性别、年龄、学历这六个变量以后，人民调解委员会主任服务型领导对于人民调解员的组织公民行为有显著的正向影响（M_2，$\beta = 0.24$，$p < 0.01$）。由此表明假设1a得到了数据的支持，也就是说，人民调解委员会主任服务型领导与人民调解员组织公民行为呈正相关关系。

表5-4 层级回归结果：服务型领导与人民调解员的组织公民行为

变量	组织公民行为	
	M_1	M_2
常量	6.69**	5.15**
控制变量		
调解员年龄	.01	.01*
调解员性别	−.01	−.03
调解员学历	.06	.08
主任年龄	−.02**	−.02**
主任性别	.01	.04
主任学历	−.16	−.12

续表

变量	组织公民行为	
	M_1	M_2
自变量		
服务型领导		.24**
R^2	.05*	.11**
F	2.37*	4.69**
ΔR^2	.05*	.06**
ΔF	2.37*	17.73**

注：**表示 p<0.01；*表示 p<0.05；N=277

（二）人民调解委员会主任服务型领导与人民调解员的反馈寻求行为

由表5-5的数据结果可知，在控制了人民调解委员会主任的性别、年龄、学历，人民调解员的性别、年龄、学历这六个变量以后，人民调解委员会主任服务型领导对于人民调解员的反馈寻求行为有显著的正向影响（M_4，$\beta=0.12$，$p<0.05$）。由此表明假设1b得到了数据的支持，也就是说，人民调解委员会主任服务型领导与人民调解员反馈寻求行为呈正相关关系。

表5-5　层级回归结果：服务型领导与人民调解员的组织公民行为

变量	反馈寻求行为	
	M_3	M_4
常量	7.06**	6.32**
控制变量		
调解员年龄	.01	.01

变量	反馈寻求行为	
	M_3	M_4
调解员性别	-.06	-.07
调解员学历	.03	.04
主任年龄	-.02**	-.02**
主任性别	-.35**	-.33**
主任学历	-.08	-.07
自变量		
服务型领导		.12*
R^2	.08**	.10**
F	3.96**	3.98**
ΔR^2	.08**	.01*
ΔF	3.96**	3.87*

注：** 表示 $p<0.01$；* 表示 $p<0.05$；$N=277$

（三）道德自我效能感的中介作用

本文研究者按照 Baron & Kenny（1986）提出的标准，用三步检验道德自我效能感在服务型领导与组织公民行为之间的中介作用。第一步，由上文可知，自变量服务型领导对于因变量人民调解员的组织公民行为有显著的正向影响（M_2，$r=0.24$，$p<0.01$）。第二步，由 M_6 可知，自变量服务型领导对于中介道德自我效能感有显著的正向影响（M_6，$r=0.26$，$p<0.01$）。第三步，在 M_7 中，加入控制变量和自变量服务型领导后，道德自我效能感对组织公民行为有显著的正向预测作用（M_7，$r=0.22$，$p<0.05$）。将表 5-6 中的 M_2 和 M_7 综合来看，可以发现把道德自我

效能感（中介变量）放入回归方程以后，服务型领导（自变量）对于组织公民行为（因变量）的影响依然显著，相关系数降低（M_2，$r=0.24$，$p<0.01$；M_7，$r=0.19$，$p<0.01$），所以假设 2a 得到支持，即人民调解员的道德自我效能感在人民调解委员会主任的服务型领导与人民调解员的组织公民行为之间起到部分中介作用。

表 5-6　层级回归结果：人民调解员道德自我效能感在
服务型领导与组织公民行为之间的中介作用

变量	道德自我效能感		组织公民行为		
	M_5	M_6	M_1	M_2	M_7
常量	5.52**	4.08**	6.69**	5.15**	4.25**
控制变量					
调解员年龄	.01	.01	.01	.01*	.01*
调解员性别	.11	.09	-.01	-.03	-.05
调解员学历	.02	.04	.06	.08	.07
主任年龄	.01	.01	-.02**	-.02**	-.02**
主任性别	.04	.07	.01	.04	.02
主任学历	-.01	.02	-.16	-.12	-.13
自变量					
服务型领导		.26**		.24**	.19**
中介变量					
道德自我效能感					.22*
R^2	.01	.14**	.05*	.11**	.13**
F	.56	5.99**	2.37*	4.69**	4.87**
ΔR^2	.01	.12**	.05*	.06**	.02*
ΔF	.56	30.08**	2.37*	17.73**	5.53*

注：** 表示 p<0.01；* 表示 p<0.05；N=277

同上，按照标准三步法检验道德自我效能感在服务型领导与反馈寻求行为之间的中介作用。第一步，由上文可知，自变量服务型领导对于因变量人民调解员的反馈行为有显著的正向影响（M_4，$r=0.12$，$p<0.05$）。第二步，由 M_6 可知，自变量服务型领导对于道德自我效能感有显著的正向影响（M_6，$r=0.26$，$p<0.01$）。第三步，在 M_8 中，加入控制变量和自变量服务型领导后，道德自我效能感对反馈寻求行为有显著的正向预测作用（M_8，$r=0.24$，$p<0.05$）。将表5-7中的 M_4 和 M_8 综合来看，可以发现，把道德自我效能感（中介变量）放入回归方程以后，服务型领导（自变量）对于反馈寻求行为（因变量）的影响不再显著（M_4，$r=0.12$，$p<0.05$；M_8，$r=0.06$，$n.s.$），所以假设2b得到支持，即人民调解员的道德自我效能感在人民调解委员会主任的服务型领导与人民调解员的反馈寻求行为之间起到完全中介作用。

表5-7　层级回归结果：人民调解员道德自我效能感在
服务型领导与反馈寻求行为之间的中介作用

变量	道德自我效能感		反馈寻求行为		
	M_5	M_6	M_3	M_4	M_8
常量	5.52**	4.08**	7.06**	6.32**	5.36**
控制变量					
调解员年龄	.01	.01	.01	.01	.01
调解员性别	.11	.09	-.06	-.07	-.09
调解员学历	.02	.04	.03	.04	.03
主任年龄	.01	.01	-.02**	-.02**	-.02**
主任性别	.04	.07	-.35**	-.33**	-.35**
主任学历	-.01	.02	-.08	-.07	-.07

变量	道德自我效能感		反馈寻求行为		
	M_5	M_6	M_3	M_4	M_8
自变量					
服务型领导		.26**		.12*	.06
中介变量					
道德自我效能感					.24*
R^2	.01	.14**	.08**	.10**	.11**
F	.56	5.99**	3.96**	3.98**	4.27**
ΔR^2	.01	.12**	.08**	.01*	.02*
ΔF	.56	30.08**	3.96**	3.87*	5.80*

注:** 表示 $p<0.01$; * 表示 $p<0.05$; N=277

(四) 和谐工作激情、道德自我效能感的链式中介作用

本文使用 PROCESS 插件进行 BOOSTRAP (模型6), 分别检验和谐工作激情与道德自我效能感在服务型领导与组织公民行为, 以及在服务型领导与反馈寻求行为之间的链式中介作用, 随机抽取样本 20000 次, 置信区间为 95%。

表5-8 服务型领导与员工组织公民行为之间的总效应、直接和间接效应

	路径	β	SE/Boot SE	t	p	LLCI	ULCI
总效应		.2390	.0568	4.2110	.0000	.1273	.3508
直接效应	服务型领导→组织公民行为	.2218	.0635	3.4915	.0006	.0967	.3469
间接效应	服务型领导→和谐工作激情→道德自我效能感→组织公民行为	.0434	.0166			.0144	.0803

表 5-8 数据结果显示和谐工作激情与道德自我效能感在服务型领导和员工组织公民行为之间的间接效应，在 95% 的置信区间下不包含 0 [0.0144, 0.0803]，因此，和谐工作激情与道德自我效能感在服务型领导和员工组织公民行为之间的链式中介效应显著（$\beta=0.0434$），假设 3a 成立。

表 5-9　服务型领导与员工反馈寻求行为之间的总效应、直接和间接效应

	路径	β	SE/Boot SE	t	p	LLCI	ULCI
总效应		.1152	.0585	1.9683	.0501	.0000	.2304
直接效应	服务型领导→反馈寻求行为	.0809	.657	1.2319	.2191	-.0484	.2103
间接效应	服务型领导→和谐工作激情→道德自我效能感→反馈寻求行为	.0402	.0193			.0064	.0830

表 5-9 数据结果显示和谐工作激情与道德自我效能感在服务型领导和员工反馈寻求行为之间的间接效应，在 95% 的置信区间下不包含 0 [0.0064, 0.0830]，因此，和谐工作激情与道德自我效能感在服务型领导和员工反馈寻求行为之间的链式中介效应显著（$\beta=0.0402$），假设 3b 成立。

（五）人民调解员工作绩效的调节作用

为了检验人民调解员的工作绩效对人民调解员的道德自我效能感与组织公民行为，以及对道德自我效能感与反馈寻求行为的正相关关系的调节作用，本文依据 Baron 和 Kenny（1986）提出的研究方法进行检验。本文把人民调解员的组织公民行为、反馈寻求行为作为因变量，把控制变量道德自我效能感、工作绩效以

及道德自我效能感和工作绩效的交互项依次放入回归方程。

表5-10　层级回归结果：工作绩效对道德自我效能感与组织公民行为、
反馈寻求行为的调节作用

变量	组织公民行为			反馈寻求行为		
	M_9	M_{10}	M_{11}	M_{12}	M_{13}	M_{14}
常量	4.88**	2.49**	1.92*	5.57**	2.25**	1.90*
控制变量						
调解员年龄	.01	.01	.01	.01	.01	.01
调解员性别	-.04	-.01	-.02	-.09	-.04	-.05
调解员学历	.05	.02	.02	.02	-.02	-.02
主任年龄	-.02**	-.02**	-.01*	-.02**	-.01*	-.01
主任性别	-.01	.05	.05	-.36**	-.29**	-.29**
主任学历	-.15	-.18*	-.14	-.08	-.12	-.09
中介变量						
道德自我效能感	.33**	.08**	.25**	.27**	.15*	.16*
调节变量						
工作绩效		.06**	.50**		.63**	.66**
交互项						
Z道德自我效能感*Z工作绩效			.16**			.10**
R^2	.10**	.26**	.30**	.11**	.41**	.43**
F	4.02**	11.59**	12.57**	4.74**	23.11**	21.81**
ΔR^2	.05**	.16**	.04**	.03**	.30**	.02**
ΔF	13.24**	58.53**	15.41**	8.73**	135.05**	7.14**

注：**表示$p<0.01$；*表示$p<0.05$；$N=277$

模型M_{11}的数据结果表明，道德自我效能感和工作绩效的交互项对于组织公民行为有显著的正向影响（M_{11}，$\beta = 0.16$，$p < 0.01$），假设 4a 得到了验证，表明人民调解员的工作绩效正向调节人民调解员的道德自我效能感与组织公民行为之间的正相关关系，即人民调解员的工作绩效越高，人民调解员的道德自我效能感与组织公民行为之间的正相关关系越强。

模型 M_{14} 的数据结果表明，道德自我效能感和工作绩效的交互项对于反馈寻求行为有显著的正向影响（M_{14}，$\beta = 0.10$，$p < 0.01$），假设 4b 得到了验证，表明人民调解员的工作绩效正向调节人民调解员的道德自我效能感与反馈寻求行为之间的正相关关系，即人民调解员的工作绩效越高，人民调解员的道德自我效能感与反馈寻求行为之间的正相关关系越强。

为了直观地表明员工工作绩效的调节效应，本文根据 Cohen 等人（2013）推荐的方法，分别以高于均值的一个标准差和低于均值的一个标准差为基础，绘制员工在高水平工作绩效和低水平工作绩效下，道德自我效能感对组织公民行为的不同影响，具体如图 5-1 所示。图 5-1 清晰直观地表明，员工绩效水平越高时，员工道德自我效能感与组织公民行为的正相关关系越强。

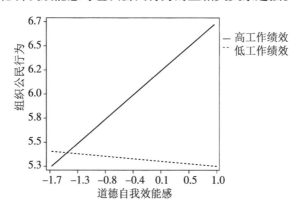

图 5-1　人民调解员工作绩效对道德自我效能感与组织公民

行为关系的调节效果图

同时，以高于均值的一个标准差和低于均值的一个标准差为基础，绘制员工在高水平工作绩效和低水平工作绩效下，道德自我效能感对反馈寻求行为的不同影响，具体如图5-2所示。图5-2清晰直观地表明，员工绩效水平越高时，员工道德自我效能感与反馈寻求行为的正相关关系越强。

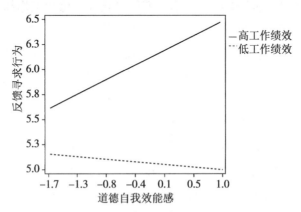

图5-2 人民调解员工作绩效对道德自我效能感与反馈寻求行为关系的调节效果图

（六）人民调解员威权调解风格的调节作用

为了检验人民调解员的威权调解风格对人民调解员的道德自我效能感与组织公民行为，以及对道德自我效能感与反馈寻求行为的正相关关系的调节作用，本文依据 Baron 和 Kenny（1986）提出的研究方法进行检验。本文把人民调解员的组织公民行为、反馈寻求行为作为因变量，把控制变量道德自我效能感、威权调解风格，以及道德自我效能感和威权调解风格的交互项依次放入回归方程。

表 5-11 层级回归结果：威权调解风格对道德自我效能感与组织公民行为、反馈寻求行为的调节作用

变量	组织公民行为			反馈寻求行为		
	M_{15}	M_{16}	M_{17}	M_{18}	M_{19}	M_{20}
常量	4.88**	5.01**	5.01*	5.57**	5.57**	5.58**
控制变量						
调解员年龄	.01	.01	.01	.01	.01	.01
调解员性别	-.04	-.05	-.05	-.09	-.09	-.09
调解员学历	.05	.04	.04	.02	.02	.03
主任年龄	-.02**	-.02**	-.02**	-.02**	-.02**	-.02**
主任性别	-.01	-.01	-.01	-.36**	-.36**	-.36**
主任学历	-.15	-.15	-.15	-.08	-.08	-.08
中介变量						
道德自我效能感	.33**	.33**	.33**	.27**	.27**	.27**
调节变量						
威权调解风格		-.03	-.03		-.01	-.01
交互项						
Z 道德自我效能感*Z 威权调解风格			.03			-.03
R^2	.10**	.10**	.10**	.11**	.11**	.11**
F	4.02**	3.53**	3.18**	4.74**	4.13**	3.70**
ΔR^2	.05**	.00	.00	.03**	.00	.00
ΔF	13.24**	.23	.38	8.73**	.00	.32

注：** 表示 $p<0.01$；* 表示 $p<0.05$；N=277

模型 M_{17} 的数据结果表明，道德自我效能感和威权调解风格的交互项对于组织公民行为影响不显著（M_{17}，$\beta=0.03$，$n.s.$），

假设 5a 没有得到验证，表明人民调解员的威权调解风格对人民调解员的道德自我效能感与组织公民行为之间的正向关系的调节不显著。

模型 M_{20} 的数据结果表明，道德自我效能感和威权调解风格的交互项对于反馈寻求行为影响不显著（M_{20}，$\beta = -0.03$，$n.s.$），假设 5b 没有得到验证，表明人民调解员的威权调解风格对人民调解员的道德自我效能感与反馈寻求行为之间的正向关系的调节不显著。

六、小结

由于本研究的假设较多，为了便于查看，在此将数据分析的结果进行汇总，如下表：

表 5-12　研究假设验证情况汇总

序号	假设编号	假设内容
1	假设 1a	人民调解委员会主任的服务型领导与人民调解员的组织公民行为正相关
2	假设 1b	人民调解委员会主任的服务型领导与人民调解员的反馈寻求行为正相关
3	假设 2a	人民调解员的道德自我效能感在人民调解委员会主任的服务型领导与人民调解员的组织公民行为之间起中介作用
4	假设 2b	人民调解员的道德自我效能感在人民调解委员会主任的服务型领导与人民调解员的反馈寻求行为之间起中介作用

序号	假设编号	假设内容
5	假设3a	人民调解员的和谐工作激情和道德自我效能感在人民调解委员会主任的服务型领导与人民调解员的组织公民行为之间起到链式中介作用
6	假设3b	人民调解员的和谐工作激情和道德自我效能感在人民调解委员会主任的服务型领导与人民调解员的反馈寻求行为之间起到链式中介作用
7	假设4a	人民调解员的工作绩效正向调节人民调解员的道德自我效能感与人民调解员的组织公民行为之间的关系。人民调解员的工作绩效高、道德自我效能感高时，人民调解员的组织公民行为最高
8	假设4b	人民调解员的工作绩效正向调节人民调解员的道德自我效能感与人民调解员的反馈寻求行为之间的关系。人民调解员的工作绩效高、道德自我效能感高时，人民调解员的反馈寻求行为最高
9	假设5a	人民调解员的威权调解风格正向调节人民调解员的道德自我效能感与人民调解员的组织公民行为之间的关系。人民调解员的威权调解风格高、道德自我效能感高时，人民调解员的组织公民行为最高
10	假设5b	人民调解员的威权调解风格正向调节人民调解员的道德自我效能感与人民调解员的反馈寻求行为之间的关系。人民调解员的威权调解风格高、道德自我效能感高时，人民调解员的反馈寻求行为最高

本研究提出的10个假设，有8个得到支持，有2个没有得到支持。

同时，获得数据分析支持的模型如下图所示：

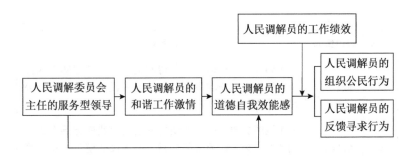

图 5-3 研究模型

第六章　调解主体研究结论与讨论

一、简要回顾重要发现

本研究以社会学习理论、自我效能理论为基础，开展实证研究，充分融合理论在人民调解中的应用，以中国本土化的文化视角，分析与研究人民调解工作。

具体来说，本研究以北京市内的人民调解委员会主任和人民调解员的配对为研究对象，以人民调解委员会主任的服务型领导作为前因变量，探讨和谐工作激情和道德自我效能感在人民调解员的工作绩效的调节下，与人民调解员的组织公民行为、反馈寻求行为之间的关系。

综合数据分析结果，有如下发现：

（1）就领导—下属关系而言，人民调解委员会主任的服务型领导与人民调解员的组织公民行为、反馈寻求行为呈正相关关系。

（2）就中介变量而言，人民调解员的道德自我效能感这一关键变量有重要作用，这一变量可起到中介作用，即人民调解员的道德自我效能感可以在人民调解委员会主任的服务型领导与人民调解员的组织公民行为、反馈寻求行为中发挥中介作用。另外，人民调解员工作的中介变量——和谐工作激情、道德自我效能感，两者在人民调解委员会主任的服务型领导与人民调解员的组织公民行为和反馈寻求行为的关系中发挥着链式中介的作用，即人民调解员的和谐工作激情、道德自我效能感在人民调解委员会主任的服务型领导与人民调解员的组织公民行为之间起到链式中介作用；人民调解员的和谐工作激情和自我效能感在人民调解委员会主任的服务型领导与人民调解员的反馈寻求行为之间起到链式中介作用。

（3）在调节变量方面，人民调解员的工作绩效在人民调解员的道德自我效能感与组织公民行为之间起到正向调节作用；人民调解员的工作绩效在人民调解员的道德自我效能感与反馈寻求行为之间起到正向调节作用。

二、得到支持假设的解释

对于得到数据支持的假设，有如下分析和解释：

（1）人民调解委员会主任的服务型领导与人民调解员的组织公民行为、反馈寻求行为呈正相关关系。依据社会学习理论，在人民调解委员会主任服务型领导的组织环境中，人民调解员能够充分感受到主任对于自己的尊重和关爱，并在服务型主任的培养下成长，从而对主任和主任所属组织产生认同，并且能够积极主动地寻求反馈，以此来纠正和改变自己，让自己朝着更好的方向发展，并期望能够回报主任或组织。

（2）人民调解员道德自我效能感的作用有两方面，一是自己作为单独变量可以起到中介作用，即人民调解员的道德自我效能感在人民调解委员会主任的服务型领导与人民调解员的组织公民行为、反馈寻求行为之间起到中介作用。这是由于服务型领导风格的人民调解委员会主任具有强烈的服务意识和道德情操，能够激发和调动人民调解员的道德表现的信念，全面产生和发展人民调解员的道德自我效能感，让人民调解员不仅能够在工作中化解矛盾，还能够提前察觉隐患苗头，积极从事角色外行为并能够主动地寻求反馈。二是本研究还发现人民调解员工作的中介变量——和谐工作激情、道德自我效能感，两者在人民调解委员会主任的服务型领导与人民调解员的组织公民行为和反馈寻求行为的关系中发挥着链式中介的作用，即人民调解员的和谐工作激情、道德自我效能感在人民调解委员会主任的服务型领导与人民调解员的组织公民行为之间起到链式中介作用；人民调解员的和谐工作激情和自我效能感在人民调解委员会主任的服务型领导与人民调解员的反馈寻求行为之间起到链式中介作用。这是由于人民调解委员会主任的服务型领导通过提升人民调解员的和谐工作激情，更易于激发和促进人民调解员的道德自我效能感，进而影响人民调解员的组织公民行为、反馈寻求行为。

（3）人民调解员的工作绩效在人民调解员的道德自我效能感与组织公民行为之间起到正向调节作用。对于工作绩效高的人民调解员，在其道德自我效能感比较高的时候，基于自己的绩效能力和自信，可能会产生更多的超越人民调解员基本职能的工作表现，表现出更多的角色外的行为；可能会更加愿意主动向人民调解委员会主任及周围同事寻求反馈，以获得对自己有价值的信息，以便对自我的行为进行及时的补充和修正，其自身的道德自我效能感和组织公民行为的关系、反馈寻求行为的关系会越紧密，进而促进个体和组织的长远发展。

三、未得到支持假设的解释

人民调解员的威权调解风格在人民调解员的道德自我效能感与人民调解员的组织公民行为、反馈寻求行为之间的调节作用并未得到数据的支持，有如下分析和解释：

（1）变量量表的局限

"威权"来自家长式领导的三元理论（樊景立，郑伯埙，2000）。本研究中的"威权调解风格"这一变量的量表是研究者自行开发的，即在樊景立和郑伯埙（2000）威权领导量表的基础上，加入人民调解情境改编，由人民调解员自评。由于研究角度考量不够多样，加之人力资源有限，可能造成这一变量量表设计有一定的局限性，使得该变量调节作用没有得到数据上的支撑。

（2）受访者的限制

在前期访谈中，我们采访的60多位人民调解员，年龄偏大，受教育程度较高，半数以上来源于"五老"，即老党员、老干部、老军人、老教师和老律师、老法官等老法律工作者。他们不仅身份权威，而且善用威权策略，使得本研究聚焦到"威权调解风格"这一变量。而在后期的问卷填写阶段，选取的样本在随机性和覆盖的广度上均存在一定的局限性，也就直接影响到了这一变量所起作用。该样本中，人民调解员的年龄均值约为45.39岁（SD=12.00），大多数在31—40岁之间（占总人数的32.5%）；人民调解委员会主任的年龄均值约为46.28岁（SD=10.20），大多数在51—60岁之间（占总人数的35.0%），"五老"并未被纳入其中。

（3）调解风格的现实多样性

过去十年的研究表明，调解员大约有100种技术性的选择。研究人员从概念上、经验上对重叠的策略和相近的策略进行了合并，把它们归类为20多个（Wall & Dunne，2012）。由于20多个策略有的非常相似，Wall和Dunne（2012）又将20多项调解战略整合为六大类：施加压力、中立、关系、分析、澄清、多功能。人民调解员会选择他们要使用并擅长使用的风格、技术、策略，而"威权调解风格"只是其中之一。不容忽视的是，这一调解风格并未得到全体调解员的一致认可和使用，有的人民调解员就认为，人民调解尊重当事人的独立人格和意愿，不是一个用威权的力量去强迫当事人服从的活动，而应该以一种"温和"的方式来进行调解。

四、补充分析

（一）人民调解员威权调解风格与组织公民行为、反馈寻求行为之间的关系

在控制了人民调解委员会主任的性别、年龄、学历，人民调解员的性别、年龄、学历这六个变量以后，人民调解员威权调解风格对于人民调解员的组织公民行为的影响不显著（M_2，$r = -0.01$，$p > 0.05$），人民调解员威权调解风格对于人民调解员的反馈寻求行为的影响不显著（M_4，$r = 0.02$，$p > 0.05$）。

表 6-1　层级回归结果：人民调解员威权调解风格
与组织公民行为、反馈寻求行为

变量	组织公民行为		反馈寻求行为	
	M_1	M_2	M_3	M_4
常量	6.69**	6.71**	7.06**	6.96**
控制变量				
调解员年龄	.01	.01	.01	.01
调解员性别	.01	-.01	-.06	-.06
调解员学历	.06	.06	.03	.03
主任年龄	-.02**	-.02**	-.02**	-.02**

变量	组织公民行为		反馈寻求行为	
	M_1	M_2	M_3	M_4
主任性别	.01	.01	-.35**	-.34**
主任学历	-.16	-.16	-.08	-.09
自变量				
威权调解风格		-.01		.02
R^2	.05*	.05*	.08	.82
F	2.37*	2.03*	3.96**	3.39**
ΔR^2	.05*	.00	.08**	.00
ΔF	2.37*	.01	3.96**	.08

注:**表示 $p<0.01$;*表示 $p<0.05$;N=277

（二）加入控制变量，如工作年限、"五老"等

对于控制变量，在原有"主任性别、年龄、学历，人民调解员性别、年龄、学历"的基础上，加入"主任工作年限、'五老'背景，人民调解员工作年限、'五老'背景"四项，相关系数如下表6-2所示。可以看出，"'五老'背景"与"年龄"相关性较高，"工作年限"与其他几项相关性也较高，故研究中控制变量依旧使用"主任性别、年龄、学历，人民调解员性别、年龄、学历"六项。

表6-2 各主要变量的均值、标准差和变量间相关系数

变量	1	2	3	4	5	6	7	8	9	10	11	12	13	14	15	16	17
1. 调解员年龄	1																
2. 调解员性别	.01	1															
3. 调解员学历	-.67**	-.03	1														
4. 调解员工作年限	.21**	.14*	-.05	1													
5. 调解员"五老"背景	.44**	-.06	-.26***	.04	1												
6. 主任年龄	.14*	-.05	.03	.21**	.12	1											
7. 主任性别	-.04	.07	.15*	-.05	.02	.05	1										
8. 主任学历	-.08	.10	.00	-.14*	-.08	.61**	.03	1									
9. 主任工作年限	.05	-.16*	-.50	.15*	.21**	.43**	-.19**	-.28**	1								
10. 主任"五老"背景	-.05	.06	.04	.17*	.11	.50**	.02	-.21**	.35**	1							
11. 服务型领导	-.04	.04	-.04	-.09	-.09	.02	-.07	-.08	-.01	-.06	(.77)						

续表

变量	1	2	3	4	5	6	7	8	9	10	11	12	13	14	15	16	17
12. 和谐工作激情	.06	-.03	-.10	.05	.11	.00	-.04	-.02	.11	.04	.45**	(.80)					
13. 道德自我效能感	.04	.09	-.01	.08	.09	.02	.04	-.01	.12	-.01	.35**	.54**	(.87)				
14. 工作绩效	-.04	-.02	.04	.04	.07	-.22**	-.06	.17**	.13	-.16**	-.01	.05	.12*	(.80)			
15. 威权调解风格	.11	-.06	-.23**	-.11	.09	-.13*	-.10	.13*	.03	-.03	.40**	.34**	.09	-.02	(.69)		
16. 组织公民行为	.08	.01	-.05	.02	-.01	-.16**	-.01	.02	-.14*	-.18**	.24**	.11	.20**	.45**	.02	(.78)	
17. 反馈寻求行为	.06	-.04	-.07	-.03	.09	-.18**	-.21**	.05	.17*	.19**	.12	.08	.16**	.60**	.06	.52**	(.81)
平均值（M）	45.39	1.76	3.19	5.78	.37	46.28	1.55	3.13	5.88	.46	5.25	5.74	6.02	5.91	4.47	5.79	5.64
标准差（SD）	12.00	.43	.92	4.20	.58	10.20	.50	.76	4.06	.59	.91	.67	.58	.81	.91	.89	.90

注：N＝277；** 表示 p<0.01；* 表示 p<0.05；对角线括号内的数值为信度系数 Cronbach's α 值

从表 6-2 的相关系数可以看出，由于"五老"、工作年限作为控制变量与其他控制变量相关性高，故采用原有控制变量。

（三）"威权"的内涵是否完全体现在本研究现有量表

人民调解员的威权调解风格指的是，人民调解员在人民调解工作中，适度地强调个人的绝对权威，用自身所具备的法律常识、心理技能及调解技巧，在案件中找到"情、理、法"的契合点，对双方或者多方当事人进行适度控制，涵盖"教诲""责备""批评""指导"等立威行为，当事人相应地表现出"敬畏、听从"等行为。

人民调解员的威权调解风格量表，在樊景立和郑伯埙（2000）威权领导量表的基础上，加入人民调解情境改编。

威权领导原始量表：

（1）他/她要求我完全服从他/她的领导 。

（2）当我当众反对他/她时，他/她会很不高兴。

（3）他/她心目中的模范部属必须对他/她言听计从。

（4）大小事情都由他/她自己独立决定。

（5）开会时，都照他/她的意思做最后的决定。

（6）在我们面前，他/她表现出威严的样子。

（7）当工作目标无法达成时，他/她会斥责我。

（8）他/她要求部属的表现一定要超过其他公司。

（9）若不遵照他/她的原则办事，我会受到严厉的处罚。

（10）当工作目标无法达成时，他/她会严厉地要求我作出解释。

（11）他/她对我的工作要求超过我对自己的要求。

人民调解员的威权调解风格改编量表：

（1）我希望能够掌控自己所调解的案件。

（2）我希望当事人服从我的调解。

（3）制订调解方案时，调解团队都按照我的意思做决定。

（4）我向我的当事人展现出了卓越的调解工作绩效。

（5）在当事人面前，我表现出威严的样子。

（6）当事人不听劝解时，我会适当责备他们。

我国社会学家费孝通先生指出中国社会存在"差序格局"的特征。中国特色的人民调解活动，有着"半官方"的属性，人民调解员的身份也多为"五老"或"德高望重者"，威权领导风格过渡到"威权调解风格"，在逻辑上是行得通的。在访谈和预调研时，对该量表也进行了修订，把"威权领导"量表修改为"威权调解风格"量表，加入了人民调解情境。比如，原威权领导的量表"（1）他/她要求我完全服从他/她的领导"有悖于人民调解的宗旨，人民调解必须是在自愿的情况下进行的调解工作，人民调解员是不会要求当事人对其必须完全服从的，所以修订为"我希望当事人服从我的调解"。

在量表修订的过程中，作者充分征求了人民调解委员会主任、人民调解员、当事人的意见，尽量符合调解工作的实际，同时符合研究方法的要求。当然，即便如此，也很难保证"威权"的内涵在量表中得到了完全体现。

（四）人民调解委员会主任的工作属性是否与其他类型机构的领导不同，在适用"服务型领导"这一概念时是否具有独特性

人民调解工作，是一类较为特殊的情境。人民调解委员会主任的"服务型领导"的独特性体现在道德引导和服务意识两个方面。

道德引导。人民调解强调的是"情理法"的结合，服务型领导的维度里本身就有关于道德层面的引导。比如，我的直接上司不会为了追求成功而放弃道德的准则。人民调解委员会主任会更

加强调道德引导的作用，主任对于道德的引导分为两方面：一是对本委员会内的人民调解员进行道德引导；二是对需要调解的当事人进行道德引导。

服务意识。需要调解的当事人之间一般都比较熟悉，进入人民调解程序的案件，一般不是简单的纯用"理性"能够解决的问题，而要"情理法"结合。人民调解员的服务型风格，以及其领导——人民调解委员会主任的服务型领导风格都会较其他领域更强。可见，人民调解委员会主任的"服务型领导风格"是自我选择、社会背景、文化环境、工作要求共同作用的结果。

服务型领导风格在人民调解委员会主任群体中体现得较为突出，这种领导风格的差异对结果变量也会产生比较大的影响，因此本研究将服务型领导风格作为自变量开展研究。

五、理论贡献

本研究理论层面的贡献归纳如下：

（1）引入领导风格，关注上下级关系

本研究关注了人民调解委员会主任的服务型领导风格，弥补了"人民调解委员会主任—人民调解员"研究中的不足。本研究发现了符合人民调解委员会主任的领导方式：服务型领导。服务型领导是一种超越领导者个人利益的领导方式，伟大的领导者都会把服务他人、服务组织、服务社会置于自身的利益之上，核心特征就是"服务"。有别于以往以组织福祉为终极目标的领导风格，服务型领导真正关心的是领导者要为追随者提供服务（Greenleaf，1977）。依据社会学习理论，Bandura（1977）认为，榜样很大程度上会起到示范带头作用。也就是说，人民调解委员会主任服务型领导对于人民调解员会起到积极正向的作用，人民调解委员会主任的服务型领导会让人民调解员也认为应该在日常工作中按照"服务于他人"的行为方式去践行。这是社会学习理论在人民调解中的应用和结合，很好地解释了人民调解委员会主任和所在人民调解委员会其他人民调解员的上下级关系，以及在人民调解委员会主任服务型领导风格的影响下，和谐工作激情、道德自我效能感对于人民调解员的组织公民行为、反馈寻求行为的影响。社会学习理论是本研究贯穿始终的一个理论，对于整个研究框架起到了支撑性作用，本研究希望能为社会学习理论的发展与拓展做出一点贡献。

（2）丰富"道德自我效能感"理论研究

在我国特殊的人民调解制度情境和工作环境下，对道德自我效能感的前因后果进行研究是本文的重要理论贡献之一。本研究挖掘了人民调解员的"道德自我效能感"这一关键变量。依据社会学习理论和自我效能理论，个体在面对某一项任务或者活动时，自己所感受到的胜任感和自信、自尊等方面的表现主观评估的结果怎么样，将会对这个人的行为动机产生直接和重大的影响（Bandura，1977）。最近十几年，道德自我效能感被提出之后，引起了许多学者和实践者的关注，并运用于社会、组织生活中的方方面面。尤其是在组织管理领域中，道德自我效能感的应用研究多集中在预测组织内成员的绩效等。基于此，我们在人民调解的研究中，审视并验证了道德自我效能感所带来的影响和作用，进一步丰富了"道德自我效能感"的理论研究。

（3）揭示链式中介作用

人民调解员的道德自我效能感这一中介变量可作为单独变量起到中介作用，即人民调解员的道德自我效能感可以在人民调解委员会主任的服务型领导与人民调解员的组织公民行为、反馈寻求行为中发挥中介作用。除此之外，本研究还寻找到了另外一条路径，挖掘到了人民调解员工作的中介变量——和谐工作激情、道德自我效能感，两者在人民调解委员会主任的服务型领导与人民调解员的组织公民行为和反馈寻求行为的关系中发挥着链式中介的作用，揭示了人民调解委员会主任的服务型领导通过提升人民调解员的和谐工作激情更易于激发和促进人民调解员的道德自我效能感，进而影响人民调解员的组织公民行为、反馈寻求行为。这是个全新而有意义的发现，也将为后续的研究拓展新的方向和视角。

（4）从中国特色的本土化视角完善人民调解理论

在人民调解领域，现有的研究理论很少，即使有关于人民调解的理论研究，也只是停留在研究策略、手段、情境、非规范性行为等方面。本研究将和谐工作激情、道德自我效能感的人民调解员的前因变量与结果变量串联起来，形成了一条完整的研究链，对人民调解领域的工作研究进行了整合，这对于人民调解队伍的理论建设和发展有一定的意义。同时，本研究在结果变量方面对人民调解员的组织公民行为、反馈寻求行为这两方面进行了综合考量，并指出了人民调解员工作绩效的影响，在一定程度上完善了组织行为学领域对于人民调解的研究，更好地诠释了社会学习理论在人民调解组织中的运用，丰富了社会学习理论、自我效能理论在人民调解工作中的内涵。

六、实践意义

本研究的实践意义有以下几点：

（1）通过对人民调解员和谐工作激情、道德自我效能感的前因变量与结果变量的研究，发现各个基层人民调解委员会主任的领导风格对于调解委员会里其他人民调解员有重要的示范带头作用，而服务型领导风格是适合并能够起到积极作用的领导风格。

东城区、西城区、丰台区、昌平区人民调解委员会主任都谈到，自己本身要亲自对矛盾纠纷进行调处，服务于人民调解员，更要带动人民调解员的工作热情。而对于接受人民调解委员会主任管理的人民调解员来说，人民调解委员会主任对于当事人、对于团队内其他人民调解员的服务意识，也使得人民调解委员会主任更具吸引力和发挥榜样的力量，使人民调解员自觉接受指导和培训，学习人民调解委员会主任的服务意识，以人民调解委员会主任的服务意识来要求自己，提升自己从事人民调解工作的自豪感和自尊感；认同人民调解委员会主任的价值与目标，内化价值与目标，能够将工作热情内化，愿意跟人民调解委员会主任一起更加努力地服务于当事人，服务于人民调解工作，使自己在工作上与人民调解委员会主任保持一致的方向和步伐。人民调解委员会主任的服务型领导风格会调动其他人民调解员的和谐工作激情、道德自我效能感，从而获得高的组织公民行为、反馈寻求行为。根据这一研究结果，在实践中需要引导基层人民调解委员会主任拥有更多的服务意识。

（2）人民调解，要做到化解一个矛盾，教育一批有类似问题的当事人，解决一批有类似情况的纠纷，这就涉及人民调解员的和谐工作激情和道德自我效能感。以往实践认为，人民调解员需要法律知识、心理技巧、调解技能，但是我们在本研究中发现，做人民调解工作不同于其他工作，更要求具有较高的和谐工作激情、道德自我效能感。人民调解员在人民调解工作中，需要解决的是冲突，但不止步于此，人民调解员是有信心通过化解矛盾把自己正确的价值观、高尚的道德情操、积极的生活态度输入给双方或者多方当事人，从而把当事人的价值观引领到正确的道路上，让当事人和自己一样，成为一名拥有高尚道德情操，对家庭、对社会都有价值的人。所以本研究对于司法系统人民调解工作的实践意义在于，革新了对于人民调解工作管理的视角，将和谐工作激情和道德自我效能感纳入人民调解员需重点考察的能力中。

（3）本研究前期访谈以及对控制变量进行挖掘时，除对人民调解委员会主任和人民调解员的年龄、学历、性别进行了控制之外，还发现了最适合做调解工作的是"五老"，即老党员、老干部、老军人、老教师和老律师、老法官等老法律工作者。他们具有一定的管理能力和社会资本，可以通过自己在社会上的影响力及人脉，促成调解案件的快速多元化解决。但是这也从另外一个角度提出了现实问题，即人民调解员组织结构在年龄层面的表现上并不是非常合理，年龄断层比较明显。人民调解工作应注意人才梯队建设，"老带新"的方式不失为一种举措，比如在更多的高校开设人民调解专业课程，请"五老"进行授课。据研究者了解，目前只有上海政法学院开设人民调解课程，而且毕业生供不应求，能够直接进入上海的人民调解组织进行人民调解工作。其他高校和人民调解组织应该在人民调解人才培养方面下功夫，这对于在新形势下更好地构建人民调解员队伍，更好地满足当事人的调解要求，提高调解工作质量，提升调处纠纷能力，建立稳定、和谐的社会有着非常重要的作用和意义。

七、研究局限

本研究以北京市内的人民调解委员会主任和人民调解员的配对为研究对象，以人民调解委员会主任的服务型领导作为前因变量，探讨和谐工作激情和道德自我效能感在人民调解员工作绩效的调节下，与人民调解员的组织公民行为、反馈寻求行为之间的关系并厘清各个变量之间的作用机制。

虽然本研究在研究设计与具体的研究实施等各个环节严格按

照规范进行科学、严谨的研究，研究的结论具有一定的理论和实践意义，但由于研究主题尚处于探索阶段，作者能够借鉴的直接研究较少，再加上经验、资金和时间等因素的限制，本研究仍存在着诸多不足之处，存在一定的研究局限。主要表现在：

（1）模型框架和变量选取的限制

①因为本研究中的某些变量的研究问卷是研究者自行开发的，由于问卷的适宜性和人力限制，没有把更多的研究角度考虑进来，可能造成研究模型框架和变量选取的限制。本研究以人民调解委员会主任的服务型领导作为前因变量，探讨和谐工作激情和道德自我效能感在人民调解员工作绩效的调节下，与人民调解员的组织公民行为、反馈寻求行为之间的关系。在量表选用方面，研究采用的量表除人民调解员的威权调解风格之外，其他均由英文成熟量表翻译而来，虽然按照严格的翻译—反译进行了题项设计，并根据人民调解的工作情境进行了部分删减和修改，但其与人民调解实际情境是否契合还有待商榷。

②本研究开发并使用的本土量表——人民调解员的威权调解风格，在进行数据处理过程中，发现这一变量的信度偏低（0.694）。威权调解风格量表，在樊景立和郑伯埙（2000）威权领导量表的基础上，加入人民调解情境改编，由人民调解员自评。因这一变量的 Cronbach α 系数均小于临界值0.7，本文并未使用这一变量，信度偏低的原因有待于进一步验证。这也是未来需要进一步改进的地方，希望可以抛砖引玉，未来有更多的学者来弥补人民调解领域的研究空白。

（2）样本收集的限制

①由于研究条件的限制，研究者选取发放问卷的人民调解委员会均位于北京，本研究最终样本为66名人民调解委员会主任、277名人民调解员，进行66对人民调解委员会主任—人民调解员

的配对，样本来源于北京市丰台区司法局、东城区司法局、西城区司法局下属的人民调解委员会，因此，样本的随机性和覆盖的广度均存在一定的局限性。而且，被试者大多第一次参与实证研究问卷调查，问卷的题项较多，容易引起填答者的厌倦感，可能存在答题不认真的现象；受被试者主观影响，对问题理解有所差异，与实际情况可能存在一些偏差。

②本研究挖掘发现的最适合做调解工作的"五老"，即老党员、老干部、老军人、老教师和老律师、老法官等老法律工作者，在问卷填写阶段并未真正参与。这是因为：一是本研究随机抽取人民调解委员会，并由被抽取的人民调解委员会提供人员名单；二是参与问卷填写的专职人民调解员较多，"五老"因为年纪大，多为兼职人民调解员。因此，样本量的来源有待于进一步拓展，在接下来的研究中应当尽量争取采集到更有价值的数据。

（3）数据的局限

本研究采用的是问卷调查法，由人民调解委员会主任及人民调解员配对完成。这种自我报告的方法具有经济性、广泛性的特点，但是，问卷调查法也具有无法进行严格控制、易产生同源方差等问题。在本研究中，同一时间的同一张问卷均出自同一个人（人民调解委员会主任或人民调解员），而且问卷均较长。这在一定程度上难以避免同源方差。

（4）测量时间的问题

本研究采用的测量工具是自编的问卷，由于时间、资源的限制，对人民调解委员会主任的服务型领导、人民调解员的和谐工作激情、人民调解员的道德自我效能感、人民调解员的工作绩效、人民调解员的组织公民行为、人民调解员的反馈寻求行为是在同一时间测量的，但这些变量应存在一定的先后关系。本研究缺乏对变量间关系的纵向研究。

参考文献

[1] Bollen K A. Structural Equations with Latent Variables [M]. New York: Wiley, 1989.

[2] Greenleaf R K. Servant Leadership: A Journey into the Nature of Legitimate Power and Greatness [M]. NewYork: Paulist Press, 1977.

[3] Liden R C, Wayne S J, Zhao H, et al. Servant leadership: Development of a multidimensional measure and multi - level assessment [J]. Journal Leadership Quarterly, 2008, 19 (3): 161-177.

[4] Liden R C, Wayne S J, LIAO C, MEUSER J D. Servant leadership and serving culture: influence on individual and unit performance [J]. Academy of Management Journal, 2014, 57 (5): 1434-1452.

[5] Liden R C, Wayne S J, ZHAO H, HENDERSON D. Servant leadership: development of a multidimensional measure andmulti-level assessment [J]. The Leadership Quarterly, 2008, 19 (2): 161-177.

[6] Mayer D M, Bardes M, Piccolo R F. Do servant-leaders help satisfy follower needs? An organizational justice perspective [J]. European Journal of Work and Organizational Psychology, 2008, 17 (2): 180-197.

[7] Motowidlo S J, van Scotter J R. Evidence that task performance

should be distinguished from contextual performance [J].
Journal of Applied Psychology, 1994 (79): 475-480.

[8] Pellegrini E K, Scandura T A. Paternalistic leadership: review
and agenda for future research [J]. Journal of Management,
2008, 34 (3): 566-593.

[9] Schriesheim C, Tsui A S. Development and validation of a short
satisfaction instrument for use in survey feedback interventions
[C]. Western Academy of Management Meeting, 1980.

[10] Spears L C. Insights on Leadership: Service, Stewardship,
Spirit, and Servant Leadership [M]. New York: John Wiley &
Sons, 1998.

[11] Vallerand R J, Salvy S J, Mageau G A, et al. On the Role of
Passion in Performance [J]. Journal of Personality, 2007, 75
(3): 505-534.

[12] Vallerand R J, Blanchard C, Mageau G A, et al. Les Passions
de lame: On Obsessive and Harmonious Passion [J]. Journal
of Personality and Social Psychology, 2003, 85 (4): 756-
767.

[13] Vallerand R J, Paquet Y, Philippe F L, et al. On the Role of
Passion for Work in Burnout: A Process Model [J]. Journal of
Personality, 2010, 78: 289-312.

[14] Vallerand R J, Mageau G V A, Elliot A J, et al. Passion and
Performance Attainment in Sport [J]. Psychology of Sport and
Exercise, 2008 (9): 373-392.

[15] Washington R R, Sutton C D, Field H S. Individual differences
in servant leadership: The roles of values and personality [J].
Leadership & Organization Development Journal, 2006, 27

（8）：700-716.

［16］鞠芳辉，万松钱．家长型领导行为对民营企业绩效及员工工作态度的影响研究［J］．东北大学学报（社会科学版），2008，（04）：312-318.

［17］陆昌勤，凌文辁，方俐洛．管理自我效能感与管理者工作态度和绩效的关系［J］．北京大学学报（自然科学版），2006，（02）：276-280.

［18］李永周，王月，阳静宁．自我效能感、工作投入对高新技术企业研发人员工作绩效的影响研究［J］．科学学与科学技术管理，2015，36（02）：173-180.

［19］孟晓斌．管理者工作压力、自我效能感与工作绩效关系研究［D］．浙江大学，2004.

［20］台建林．声声呼唤人民调解法［N］．法制日报，2006-03-13（002）．

［21］托斯坦·埃克霍夫，喻中胜，徐昀．冲突解决中的调解人、法官和行政管理人［J］．司法，2006，（00）：272-294.

［22］吴琼．中国情境下公共服务动机的内容及结构研究［D］．上海交通大学，2014.

［23］王博艺，顾琴轩．服务型领导构念与影响因素及结果研究述评与启示［J］．现代管理科学，2012，（11）：12-14.

［24］吴维库，姚迪．服务型领导与员工满意度的关系研究［J］．管理学报，2009，6（03）：338-341.

［25］杨廷钫，凌文辁．服务型领导理论综述［J］．科技管理研究，2008，（03）：204-207.

［26］王月．自我效能感对高新技术企业研发人员工作绩效的影响研究［D］．武汉科技大学，2015.

［27］朱玥，王永跃．服务型领导对员工工作结果的影响：亲社

会动机的中介效应和互动公平的调节效应［J］.心理科学，
2014，37（04）：968-972.

［28］周强.在全国人民调解工作会议上的讲话［J］.人民调解，
2017，（08）：10-13.

［29］周浩，龙立荣.恩威并施，以德服人——家长式领导研究
述评［J］.心理科学进展，2005，（02）：227-238.

［30］周文霞，郭桂萍.自我效能感：概念、理论和应用［J］.中
国人民大学学报，2006，（01）：91-97.

［31］赵婕.2022年全国人民调解组织调解各类矛盾纠纷1494万
件［N］.法治日报，2023-10-09（002）.

［32］郑伯埙.华人文化与组织研究：何去何从？［C］.中国社会
心理学会.中国社会心理学会2008年全国学术大会论文摘
要集，2008：2.

［33］郑伯埙.全球视野中的家长式领导研究［C］.中国社会心
理学会.中国社会心理学会2008年全国学术大会论文摘要
集，2008：1.

［34］郑伯埙.差序格局与华人组织行为［J］.中国社会心理学评
论，2006，（02）：1-52.

附件一：访谈提纲——北京市公安局海淀区分局人民调解委员会

人员：人民调解员 10 人

时间：2016 年 8 月 3 日下午 2：30

地点：北京市公安局海淀区分局人民调解委员会

1. 您做人民调解员的时间有多久？您是什么学历？您是专职人民调解员吗？您是行业性、专业性人民调解委员会的人民调解员还是基层村居人民调解委员会的人民调解员？

2. 您每年、每月、每天调解的案件大概有多少件？成功率大概是百分之多少？

3. 您调解的矛盾纠纷主要是什么类型、情境的？属于利益冲突型还是人际关系型？请谈一两个您印象深刻的案例。

4. 您认为在调解中，人民调解员最重要的工作是什么？他应该具备什么样的素质？

5. 您认为调解个体的差异会影响调解的最终成功吗？您在调解过程中，如何识别潜在利益？您调解的纠纷内容是表象矛盾还是深层羁绊？是否会遇到利益之下还有利益、情感之外还有情感的情况？

6. 在调解过程中，您都会使用什么样的调解策略？您认为调解策略的选择和运用会对调解的最终结果产生什么样的影响？

7. 在调解过程中，您是如何管理情绪、控制情绪、引导情绪，向当事人进行情绪传染的？

8. 您认为一次调解，过程重要还是结果重要？调解员需要控制的是过程还是结果？有人说，调解员只追求结果，即调解协议的签署，来实现个人满意度，甚至借此来赢得声望，您怎么看？在个人声望与当事人利益之间您如何权衡？

9. 您是否了解国外的调解组织及调解员，他们的机构建设与国内有何相同和区别？

10. 您对于人民调解员的个人生活与工作，人民调解的组织建设，还有什么想法和建议？

附件二：访谈提纲——北京市司法局人民调解员培训会议

人员：人民调解员 22 人

时间：2016 年 9 月 29 日、30 日

地点：北京市司法局人民调解员培训会议

1. 您做人民调解员的时间有多长？您是什么学历？是专职人民调解员吗？您是行业性、专业性人民调解委员会的人民调解员还是基层村居人民调解委员会的人民调解员？

2. 您每年、每月、每天调解的案件大概有多少件？成功率大概是多少？

3. 您主要调解的矛盾纠纷是什么类型、情境的？是利益冲突型还是人际关系型？请谈一两个您印象深刻的调解案例。

4. 您认为在调解中，人民调解员最重要的工作是什么？他应该具备什么样的素质？

5. 您认为调解员自身个体的差异会影响调解结果吗？您在调解过程中，如何识别潜在利益？调解的纠纷内容是表象矛盾还是深层羁绊？您是否会遇到利益之下还有利益、情感之外还有情感的情况？

6. 在调解过程中，您都会使用什么样的调解策略？您认为调解策略的选择和运用会对调解结果产生什么样的影响？

7. 在调解过程中，您是如何管理情绪、控制情绪、引导情绪，向当事人进行情绪传染的？

8. 您觉得调解成功主要的影响因素是什么？环境方面、社会

方面、人际关系方面等？能否举例说明？

9. 您觉得调解当事人主要会考虑哪些因素？哪些因素能够让他们的想法发生变化，能否举例说明？

10. 您认为一次调解，过程重要还是结果重要？调解员需要控制的是过程还是结果？有人说，调解员只追求结果，即调解协议的签署，来实现个人满意度，甚至借此来赢得声望，您怎么看？在个人声望与当事人利益之间您如何权衡？

11. 您从事人民调解工作的工资报酬如何计算？底薪有多少？是否按调解数量来计算报酬？每件多少钱？每个月大概会调解多少件？每个月调解收入有多少？每个月、每季度有无其他奖金/福利？年度有无奖金激励？您认为目前的报酬是否合理？如不合理，应该如何改进？

12. 在报酬并不丰厚的情况下，您为何还会坚持做人民调解工作？爱好使然还是责任使然？还是因为社会地位的影响？

13. 您是否了解国外的调解组织及调解员，他们的机构建设与国内有何相同和区别？

14. 您对于人民调解员的个人生活与工作，人民调解的组织建设，还有什么想法和建议？

附件三：访谈提纲——北京市西城区人民调解协会

人员：人民调解员 10 人左右

时间：2016 年 10 月 30 日

地点：北京市西城区人民调解协会

1. 您做人民调解员的时间有多久？您是什么学历？您是专职人民调解员还是兼职人民调解员？

2. 您是行业性、专业性人民调解委员会的人民调解员还是基层村居人民调解委员会的调解员？还是法院诉前调解员？

3. 每年、每月、每天您经手调解的案件大概有多少件？一起案件平均几人调解？怎么计算成功率？会用什么样的指标？调解案件的难易程度是否与调解案件补贴挂钩？还有没有其他标准？调解员之间是否会互评？是否会有领导评分？

4. 您从事人民调解工作的工资报酬如何计算？每月底薪有多少？是否按调解数量来计算报酬？每件多少钱？每个月大概会调解多少件？每个月调解收入有多少？每个月、每季度有无其他奖金/福利？年度有无奖金激励？您认为目前的报酬是否合理？如不合理，应该如何改进？

5. 在报酬并不丰厚的情况下，您为何还会坚持做人民调解工作？爱好使然还是责任使然？还是因为社会地位的影响？您从事人民调解工作的动机究竟是什么？

6. 调解当事人可否进行回访？3 个月的回访期限是否合适？可否让当事人对您的调解工作评分？

7. 您调解的案件的主要纠纷是什么类型、情境的？利益冲突型还是人际关系型？请谈一两个您印象深刻的案例。

8. 您个人认为什么样的人适合做人民调解员？他应该具备什么样的素质？

9. 在调解过程中，您是如何管理情绪、控制情绪、引导情绪，向当事人进行情绪传染的？

10. 您认为一次调解，过程重要还是结果重要？调解员需要控制的是过程还是结果？有人说，调解员只追求结果，即调解协议的签署，来实现个人满意度，甚至借此来赢得声望，您怎么看？在个人声望与当事人利益之间您如何权衡？

附件四：访谈提纲——其他

人员：诉前人民调解员 5 人左右、派出所人民调解员 5 人左右、村居基层人民调解员 5 人左右

时间：2017 年 7 月 14 日

地点：北京市西城区人民法院、北京市公安局西城分局展览路派出所人民调解委员会、北京市西城区月坛街道人民调解委员会

1. 您是法院诉前调解员还是基层村居人民调委会的人民调解员？您觉得不同类型调解员各有什么特色？

2. 您做人民调解员的时间有多久？您是什么学历？您是专职人民调解员还是兼职人民调解员？您退休了吗？以前是做什么工作的？

3. 您觉得老干部、老军人、老教师、老党员、老法律工作者（五老）做人民调解工作有什么优势？

4. 您每年、每月、每天调解的案件大概有多少？一起案件大概平均几人调解？是团队还是个人为主进行调解？团队中有没有模范人民调解员能够发挥示范带头作用？

5. 您或者您的调解组织是怎么计算调解成功率的？指标有哪些？调解的难易程度与案件补贴是否挂钩？调解个案难度如何测量？有没有什么标准？调解员之间是否会进行互评？领导是否会给下属评议？

6. 您从事人民调解工作的工资报酬如何计算？每月底薪有多少？是否按调解数量来计算报酬？每件多少钱？每个月大概会调

解多少件？每个月调解收入有多少？每个月、每季度有无其他奖金/福利？年度有无奖金激励？您认为目前的报酬是否合理？如不合理，应该如何改进？

7. 在报酬并不丰厚的情况下，您为何还会坚持做人民调解工作？爱好使然还是责任使然？还是因为社会地位的影响？您从事人民调解工作的动机究竟是什么？

8. 您个人能从人民调解中学习到什么？对于自己的工作、生活有好处还是坏处？是否会影响到个人的工作、生活？

9. 家人是否支持您从事人民调解工作？会受到哪些环境因素的制约？

10. 您觉得现代科技应用到人民调解工作中，是否有效果？您那里有没有推行微信调解、网上调解、视频调解等调解方式？效果如何？

11. 您觉得工作激情对于调解工作重要吗？有没有感受到压迫的负面效果？

12. 调解工作现在有什么样的客观数据？调解案件档案是否进行了数字化处理？

附件五：人民调解员调查问卷（预研究）

人民调解员调查研究

各位同事：

非常感谢您参与本次课题研究。希望能够得到您的大力支持和协助。**本调查资料只作科学研究之用，并将绝对保密。研究的结果只会从汇总角度进行分析，绝不涉及任何个人信息。**请您在填写以下问卷时，仔细阅读每个问题。问卷的填写没有对错之分，真实地表达您的感受即可。

衷心感谢您的支持和参与！

第一部分　总体工作状态

下面的描述是关于**您工作中的感受**。请想一想您在多大程度上同意这些陈述，在每个陈述后面最能代表您真实想法的数字（1-7）上划圈 **在调委会中：**	完全不同意	不同意	有些不同意	中立	有些同意	同意	完全同意
1. 如果我遇到私人问题，我会向我的直接上司寻求帮助	1	2	3	4	5	6	7
2. 我的直接上司强调回馈社会的重要性	1	2	3	4	5	6	7

下面的描述是关于**您工作中的感受**。请想一想您在多大程度上同意这些陈述，在每个陈述后面最能代表您真实想法的数字（1-7）上划圈 **在调委会中：**	完全不同意	不同意	有些不同意	中立	有些同意	同意	完全同意
3. 如果有事情在向错误的方向发展，我的直接上司能够发现	1	2	3	4	5	6	7
4. 我的直接上司给我自由，去以我认为最佳的方式来处理棘手的情况	1	2	3	4	5	6	7
5. 我的直接上司会优先考虑我的职业发展	1	2	3	4	5	6	7
6. 我的直接上司把我的最佳利益放在他/她自己的利益之前	1	2	3	4	5	6	7
7. 我的直接上司不会为了追求成功而放弃道德的准则	1	2	3	4	5	6	7

下面的描述是关于**您工作中的感受**。请想一想您在多大程度上同意这些陈述，在每个陈述后面最能代表您真实想法的数字（1-7）上划圈 **在调解工作中：**	完全不同意	不同意	有些不同意	中立	有些同意	同意	完全同意
1. 我希望任何事情自己都能掌握	1	2	3	4	5	6	7
2. 我希望权力集于一身	1	2	3	4	5	6	7
3. 我果断、有魄力	1	2	3	4	5	6	7
4. 我对当事人具有权威性	1	2	3	4	5	6	7

下面的描述是关于**您工作中的感受**。请想一想您在多大程度上同意这些陈述，在每个陈述后面最能代表您真实想法的数字（1-7）上划圈 **在调解工作中：**	完全不同意	不同意	有些不同意	中立	有些同意	同意	完全同意
1. 工作让我经历各种各样的体验	1	2	3	4	5	6	7
2. 我更欣赏在工作中发现的新事物	1	2	3	4	5	6	7
3. 工作令我难忘	1	2	3	4	5	6	7
4. 我的个人优势在工作中得到体现	1	2	3	4	5	6	7
5. 工作与我生活中的其他活动是和谐的	1	2	3	4	5	6	7
6. 尽管工作对我来说是一种激情，但我仍能控制得当	1	2	3	4	5	6	7
7. 我的生活离不开工作	1	2	3	4	5	6	7
8. 对工作的欲望如此强烈，我无法自拔	1	2	3	4	5	6	7
9. 很难想象我的生活中没有工作	1	2	3	4	5	6	7
10. 我在情感上依赖工作	1	2	3	4	5	6	7
11. 我很难控制自己要去工作的想法	1	2	3	4	5	6	7
12. 我的情绪好坏取决于能否做好工作	1	2	3	4	5	6	7

下面的描述是关于**您工作中的感受**。请想一想您在多大程度上同意这些陈述，在每个陈述后面最能代表您真实想法的数字（1-7）上划圈 **在调解工作中：**	完全不同意	不同意	有些不同意	中立	有些同意	同意	完全同意
1. 我对自己的工作非常投入	1	2	3	4	5	6	7
2. 我竭尽全力去做我的工作	1	2	3	4	5	6	7

下面的描述是关于**您工作中的感受**。请想一想您在多大程度上同意这些陈述，在每个陈述后面最能代表您真实想法的数字（1-7）上划圈 **在调解工作中：**	完全不同意	不同意	有些不同意	中立	有些同意	同意	完全同意
3. 我花费很多精力在我的工作上	1	2	3	4	5	6	7
4. 我尽我最大努力做好我的工作	1	2	3	4	5	6	7
5. 我尽我所能完成我的工作	1	2	3	4	5	6	7
6. 我在我的工作上花费很多精力	1	2	3	4	5	6	7
7. 我对我的工作充满激情	1	2	3	4	5	6	7
8. 我的工作使我感到充满活力	1	2	3	4	5	6	7
9. 我对我的工作很感兴趣	1	2	3	4	5	6	7
10. 我为我的工作感到自豪	1	2	3	4	5	6	7
11. 我的工作给我带来了正面的情绪	1	2	3	4	5	6	7
12. 我的工作使我感到兴奋	1	2	3	4	5	6	7
13. 工作时，我的头脑全部专注于我的工作	1	2	3	4	5	6	7
14. 工作时，我投入大量的注意力在我的工作上	1	2	3	4	5	6	7
15. 工作时，我集中大量的注意力在我的工作上	1	2	3	4	5	6	7
16. 工作时，我的思想会沉浸在我的工作里	1	2	3	4	5	6	7
17. 工作时，我的思想集中在我的工作上	1	2	3	4	5	6	7
18. 工作时，我会全神贯注地工作	1	2	3	4	5	6	7

下面的描述是关于**您工作中的感受**。请想一想您在多大程度上同意这些陈述，在每个陈述后面最能代表您真实想法的数字（1-7）上划圈	完全不同意	不同意	有些不同意	中立	有些同意	同意	完全同意
在调解工作中：							
1. 在调委会中做出道德决策是在我的能力范围之内	1	2	3	4	5	6	7
2. 在调委会中工作时，做出正确的道德决策对我来说不会有任何问题	1	2	3	4	5	6	7
3. 我相信自己做出道德决策的能力等于或超过同龄人的能力	1	2	3	4	5	6	7
4. 我的教育经历和成就使我相信我能够在调委会中做出正确的道德决策	1	2	3	4	5	6	7
5. 道德教育是重要的	1	2	3	4	5	6	7
6. 道德教育对我而言没有意义	1	2	3	4	5	6	7
7. 道德教育是无关紧要的	1	2	3	4	5	6	7
8. 道德教育对我来说意义重大	1	2	3	4	5	6	7
9. 道德教育是无用的	1	2	3	4	5	6	7
10. 道德教育是有价值的	1	2	3	4	5	6	7
11. 道德教育是有益的	1	2	3	4	5	6	7
12. 道德教育是不必要的	1	2	3	4	5	6	7
13. 参与基于（调委会）原则的道德教育，可以提高我对道德问题和正确决策中复杂性的认识	1	2	3	4	5	6	7
14. 在调委会中我想学习更多道德原则	1	2	3	4	5	6	7
15. 我相信进行基于原则的道德教育对调委会是有价值的	1	2	3	4	5	6	7

下面的描述是关于**您工作中的感受**。请想一想您在多大程度上同意这些陈述,在每个陈述后面最能代表您真实想法的数字(1-7)上划圈 **在调解工作中:**	完全不同意	不同意	有些不同意	中立	有些同意	同意	完全同意
1. 我履行了工作说明中规定的责任	1	2	3	4	5	6	7
2. 我做了预期是我工作内容的任务	1	2	3	4	5	6	7
3. 我的表现符合绩效规定	1	2	3	4	5	6	7
4. 我很好地完成了所有职责	1	2	3	4	5	6	7

第二部分　基本信息

1. 年龄:＿＿＿＿＿＿＿

2. 您的区县:＿＿＿＿＿＿,姓名:＿＿＿＿＿＿,电话:＿＿＿＿＿＿

3. 您所在调解委员会名称:＿＿＿＿＿＿＿,电话:＿＿＿＿＿,
   所在人民调解委员会主任姓名:＿＿＿＿＿＿＿

4. 性别:□男　　　□女

5. 教育程度:□初中　□高中或中专　□大专　□大学
   　　　　　□硕士及以上

6. 原先职务、身份:(可多选)
   □老党员　　□老干部　　□老军人　　□老教师
   □律师、法官等法律工作者
   □其他＿＿＿＿＿＿＿＿(请具体填写原工作岗位)

7. 您目前的岗位是:□人民调解员主任　　□人民调解员委员
   □一般调解员　　□其他＿＿＿＿＿＿＿(请具体写明)

8. 您的工作性质：□专职调解员　　　□兼职调解员

9. 您加入调解员队伍受到谁的影响最大？请写出三个人名：

　　_____，_____，_____

10. 您从事调解员工作多久了？　_____

11. 主要是什么原因让您选择了调解员工作？

　　_____

12. 您对人民调解工作有何建议？有何改进意见？

　　_____

13. 您认为需要开展调解工作的培训吗？每年几次？

　　_____

14. 您急需什么方面的培训？

　　_____

问卷到此结束，感谢您的参与！

附件六：人民调解委员会主任调查问卷

各位同事：

非常感谢您参与本次课题研究。希望能够得到您的大力支持和协助。**本调查资料只作科学研究之用，与业绩无关，并将绝对保密。研究的结果只会从汇总角度进行分析，绝不涉及任何个人信息。**请您在填写以下问卷时，仔细阅读每个问题。问卷的填写没有对错之分，真实地表达您的感受即可。

衷心感谢您的支持和参与！

第一部分 评价下属工作状态

以下问题是您对您目前所在的工作小组成员的工作表现评价。请仔细阅读以下每个句子，不要漏答，依据对应成员的真实工作表现，评价时请表现出区分度，尽量区分出好、中、差，在每个题目的对应行里填上数字。对于每一道题目，请在每个对应格中填入一个最能代表您对这位下属的评价的数字（1–7）。

1＝完全不同意

2＝不同意

3＝有些不同意

4＝中立

5＝有些同意

6＝同意

7＝完全同意

填写示范：

请您评价**右侧各成员**的工作表现。（1＝完全不同意；2＝不同意；3＝有些不同意；4＝中立；5＝有些同意；6＝同意；7＝完全同意） 他/她：	《M1》	《M2》	《M3》	《M4》	《M5》	《M6》
1. 充分地完成了安排的工作	2	5	6	1	2	7
2. 完成了工作描述中的具体职责	5	6	2	3	2	6

请您评价**右侧各成员**的工作表现。（1＝完全不同意；2＝不同意；3＝有些不同意；4＝中立；5＝有些同意；6＝同意；7＝完全同意） 他/她：	《M1》	《M2》	《M3》	《M4》	《M5》	《M6》
1. 充分地完成了安排的工作						
2. 完成了工作描述中的具体职责						
3. 完成了对他/她期待的任务						
4. 满足了规定的工作绩效要求						

请您评价**右侧各成员**的工作表现。（1＝完全不同意；2＝不同意；3＝有些不同意；4＝中立；5＝有些同意；6＝同意；7＝完全同意）	《M1》	《M2》	《M3》	《M4》	《M5》	《M6》
他/她：						
1. 会询问我对他/她整体工作绩效的看法						
2. 会询问有关他/她专业技能的信息						
3. 会询问我对他/她的态度和行为是否符合组织价值观的评价						
4. 会询问我对他/她的工作期望						
5. 会询问他/她的社会行为表现						

请您对下属**如下行为的频率进行客观判断**（1＝从来不这样；2＝偶尔会这样；3＝有时会这样；4＝经常如此；5＝一贯如此）	《M1》	《M2》	《M3》	《M4》	《M5》	《M6》
我的下属：						
1. 愿意帮助新同事适应工作环境						
2. 愿意帮助同事解决工作上的问题						
3. 必要时，愿意为同事顶岗，帮同事完成工作任务						
4. 愿意与同事协调和交流						

第二部分　基本信息

1. 年龄：＿＿＿＿＿＿＿＿

2. 您的区县：＿＿＿＿＿＿，姓名：＿＿＿＿＿＿，电话：＿＿＿＿＿＿＿＿

3. 性别：□男　　　□女

4. 教育程度：□初中　□高中或中专　□大专　□大学

　　　　　　　□硕士及以上

5. 原先职务、身份：（可多选）

　　□老党员　　□老干部　　□老军人　　□老教师

　　□律师、法官等法律工作者

　　□其他＿＿＿＿＿＿＿＿＿（请具体填写原工作岗位）

6. 您目前的岗位是：□人民调解员主任　　□人民调解员委员

　　□一般调解员　　□其他＿＿＿＿＿＿＿＿（请具体写明）

7. 您所在调解委员会名称：＿＿＿＿＿＿＿＿，电话：＿＿＿＿＿＿＿

8. 您的工作性质：□专职调解员　　　□兼职调解员

9. 您从事人民调解员到现在一共多长时间了：＿＿＿＿＿＿＿＿＿

问卷到此结束，感谢您的参与！

附件七：人民调解员调查研究

各位同事：

　　非常感谢您参与本次课题研究。希望能够得到您的大力支持和协助。**本调查资料只作科学研究之用，与业绩无关，并将绝对保密。研究的结果只会从汇总角度进行分析，绝不涉及任何个人信息。**请您在填写以下问卷时，仔细阅读每个问题。问卷的填写没有对错之分，真实地表达您的感受即可。

　　衷心感谢您的支持和参与！

第一部分　总体工作状态

下面的描述是关于**您工作中的感受**。请想一想您在多大程度上同意这些陈述，在每个陈述后面最能代表您真实想法的数字（1-7）上划圈 在调委会中：	完全不同意	不同意	有些不同意	中立	有些同意	同意	完全同意
1. 如果我遇到私人问题，我会向我的直接上司寻求帮助	1	2	3	4	5	6	7
2. 我的直接上司强调回馈社会的重要性	1	2	3	4	5	6	7
3. 如果有事情在向错误的方向发展，我的直接上司能够发现	1	2	3	4	5	6	7

下面的描述是关于**您工作中的感受**。请想一想您在多大程度上同意这些陈述，在每个陈述后面最能代表您真实想法的数字（1-7）上划圈 **在调委会中：**	完全不同意	不同意	有些不同意	中立	有些同意	同意	完全同意
4. 我的直接上司允许我自由选择以我所认为最佳的方式处理棘手的情况	1	2	3	4	5	6	7
5. 我的直接上司会优先考虑我的职业发展	1	2	3	4	5	6	7
6. 我的直接上司把我的最佳利益放在他/她自己的利益之前	1	2	3	4	5	6	7
7. 我的直接上司不会为了追求成功而放弃道德的准则	1	2	3	4	5	6	7

下面的描述是关于**您工作中的感受**。请想一想您在多大程度上同意这些陈述，在每个陈述后面最能代表您真实想法的数字（1-7）上划圈 **在调解工作中：**	完全不同意	不同意	有些不同意	中立	有些同意	同意	完全同意
1. 我希望能够掌控自己所调解的案件	1	2	3	4	5	6	7
2. 我希望当事人服从我的调解	1	2	3	4	5	6	7
3. 制订调解方案时，调解团队都按照我的意思做决定	1	2	3	4	5	6	7
4. 我向我的当事人展现出了卓越的调解工作绩效	1	2	3	4	5	6	7
5. 在当事人面前，我表现出威严的样子	1	2	3	4	5	6	7
6. 当事人不听劝解时，我会适当责备他们	1	2	3	4	5	6	7

下面的描述是关于**您工作中的感受**。请想一想您在多大程度上同意这些陈述,在每个陈述后面最能代表您真实想法的数字 (1-7) 上划圈 **在调解工作中:**	完全不同意	不同意	有些不同意	中立	有些同意	同意	完全同意
1. 调解工作让我经历各种各样的体验	1	2	3	4	5	6	7
2. 我更欣赏在调解工作中所发现的新事物	1	2	3	4	5	6	7
3. 工作使我体会到很多令人难忘的经历	1	2	3	4	5	6	7
4. 我欣赏的自身特质在这份工作中展现得淋漓尽致	1	2	3	4	5	6	7
5. 调解工作与我生活中的其他活动是和谐的	1	2	3	4	5	6	7
6. 对我来说这份工作充满激情,我仍能对这份激情控制得当	1	2	3	4	5	6	7
7. 我完全投入了这份工作	1	2	3	4	5	6	7

下面的描述是关于**您工作中的感受**。请想一想您在多大程度上同意这些陈述,在每个陈述后面最能代表您真实想法的数字 (1-7) 上划圈 **在调解工作中:**	完全不同意	不同意	有些不同意	中立	有些同意	同意	完全同意
1. 我对自己的工作非常投入	1	2	3	4	5	6	7
2. 我竭尽全力去做我的工作	1	2	3	4	5	6	7
3. 我花费很多精力在我的工作上	1	2	3	4	5	6	7
4. 我尽我最大努力做好我的工作	1	2	3	4	5	6	7
5. 我尽我所能完成我的工作	1	2	3	4	5	6	7

下面的描述是关于**您工作中的感受**。请想一想您在多大程度上同意这些陈述，在每个陈述后面最能代表您真实想法的数字（1-7）上划圈 **在调解工作中：**	完全不同意	不同意	有些不同意	中立	有些同意	同意	完全同意
6. 我在我的工作上花费很多精力	1	2	3	4	5	6	7
7. 我对我的工作充满激情	1	2	3	4	5	6	7
8. 我的工作使我感到充满活力	1	2	3	4	5	6	7
9. 我对我的工作很感兴趣	1	2	3	4	5	6	7
10. 我为我的工作感到自豪	1	2	3	4	5	6	7
11. 我的工作给我带来了正面的情绪	1	2	3	4	5	6	7
12. 我的工作使我感到兴奋	1	2	3	4	5	6	7
13. 工作时，我的头脑全部专注于我的工作	1	2	3	4	5	6	7
14. 工作时，我会投入大量的注意力在我的工作上	1	2	3	4	5	6	7
15. 工作时，我会集中大量的注意力在我的工作上	1	2	3	4	5	6	7
16. 工作时，我的思想会沉浸在我的工作里	1	2	3	4	5	6	7
17. 工作时，我的思想集中在我的工作上	1	2	3	4	5	6	7
18. 工作时，我会全神贯注地工作	1	2	3	4	5	6	7

下面的描述是关于**您工作中的感受**。请想一想您在多大程度上同意这些陈述，在每个陈述后面最能代表您真实想法的数字（1-7）上划圈 **在调解工作中：**	完全不同意	不同意	有些不同意	中立	有些同意	同意	完全同意
1. 在调委会中做出道德决策是在我的能力范围之内	1	2	3	4	5	6	7
2. 在调委会中工作时，做出正确的道德决策对我来说不会有任何问题	1	2	3	4	5	6	7
3. 我相信自己做出道德决策的能力等于或超过同龄人的能力	1	2	3	4	5	6	7
4. 我的教育经历和成就使我相信我能够在调委会中做出正确的道德决策	1	2	3	4	5	6	7
5. 道德教育是重要的	1	2	3	4	5	6	7
6. 道德教育对我来说意义重大	1	2	3	4	5	6	7
7. 道德教育是有价值的	1	2	3	4	5	6	7
8. 道德教育是有益的	1	2	3	4	5	6	7
9. 参与基于（调委会）原则的道德教育，可以提高我对道德问题和正确决策中复杂性的认识	1	2	3	4	5	6	7
10. 在调委会中我想学习更多道德原则	1	2	3	4	5	6	7
11. 我相信进行基于原则的道德教育对调委会是有价值的	1	2	3	4	5	6	7
12. 道德教育对我而言没有意义	1	2	3	4	5	6	7
13. 道德教育是无关紧要的	1	2	3	4	5	6	7
14. 道德教育是无用的	1	2	3	4	5	6	7
15. 道德教育是不必要的	1	2	3	4	5	6	7

下面的描述是关于**您工作中的感受**。请想一想您在多大程度上同意这些陈述，在每个陈述后面最能代表您真实想法的数字（1-7）上划圈 **在调解工作中：**	完全不同意	不同意	有些不同意	中立	有些同意	同意	完全同意
1. 组织内的主要决策都应由领导者决定，不需要征询员工的意见	1	2	3	4	5	6	7
2. 与部属打交道时，领导者经常需要运用他的职权	1	2	3	4	5	6	7
3. 领导者应尽量少地征询员工的意见	1	2	3	4	5	6	7
4. 领导者应与员工保持距离，在工作之余少与员工接触	1	2	3	4	5	6	7
5. 员工不应该反对领导者所做的决定	1	2	3	4	5	6	7
6. 领导者不应将重要的任务委托给员工	1	2	3	4	5	6	7

下面的描述是关于**您工作中的感受**。请想一想您在多大程度上同意这些陈述，在每个陈述后面最能代表您真实想法的数字（1-7）上划圈 **在调解工作中：**	完全不同意	不同意	有些不同意	中立	有些同意	同意	完全同意
1. 我会主动寻求别人对自己的反馈，即使反馈是批评性的	1	2	3	4	5	6	7
2. 我会认识到有人比我有更多的知识或技能	1	2	3	4	5	6	7
3. 我会承认自己不懂得做某件事情	1	2	3	4	5	6	7
4. 我能看到别人的优点	1	2	3	4	5	6	7

下面的描述是关于**您工作中的感受**。请想一想您在多大程度上同意这些陈述，在每个陈述后面最能代表您真实想法的数字（1-7）上划圈 **在调解工作中：**	完全不同意	不同意	有些不同意	中立	有些同意	同意	完全同意
5. 我经常称赞别人的长处	1	2	3	4	5	6	7
6. 我对别人的贡献表示赞赏	1	2	3	4	5	6	7
7. 我愿意向别人学习	1	2	3	4	5	6	7
8. 我对别人的想法持开放的态度	1	2	3	4	5	6	7
9. 我对别人的建议持开放的态度	1	2	3	4	5	6	7
10. 我不喜欢把注意力引到自己身上	1	2	3	4	5	6	7
11. 我为人处世保持低调	1	2	3	4	5	6	7
12. 我对于为自己提高名气不是很感兴趣	1	2	3	4	5	6	7
13. 我努力让更多的人过得更好	1	2	3	4	5	6	7
14. 我觉得我生命的意义在于完成一个使命	1	2	3	4	5	6	7
15. 我所做的很多事情让这个世界变得更好	1	2	3	4	5	6	7
16. 我相信所有的人都只是宇宙中很小的一部分	1	2	3	4	5	6	7
17. 我相信这个世界上没有人是完美的，我也不比别人好多少	1	2	3	4	5	6	7
18. 我相信这个世界上有东西超越自己，比我自己更伟大	1	2	3	4	5	6	7
19. 我相信不是所有事情是在自己的控制之下	1	2	3	4	5	6	7

下面的描述是关于**您个人的想法**。请想一想您在多大程度上同意这些陈述，在每个陈述后面最能代表您真实想法的数字（1-7）上划圈	完全不同意	不同意	有些不同意	中立	有些同意	同意	完全同意
1. 我不断地寻找能够改善生活的新办法	1	2	3	4	5	6	7
2. 无论在哪儿，我都会有力地推动事业发生建设性的改变	1	2	3	4	5	6	7
3. 最让我兴奋的事是看到我的想法变成现实	1	2	3	4	5	6	7
4. 如果看到不喜欢的事，我会想办法去解决它	1	2	3	4	5	6	7
5. 不论成功机会有多大，只要我相信一件事，我就会将它变为现实	1	2	3	4	5	6	7
6. 即使别人反对，我也愿意坚持自己的想法	1	2	3	4	5	6	7
7. 我善于发现机会	1	2	3	4	5	6	7
8. 我总是在寻找更好的方法来做事	1	2	3	4	5	6	7
9. 如果我相信某个想法，那就没有任何困难能够阻止我去实现它	1	2	3	4	5	6	7
10. 我能比其他人更早地发现好机会	1	2	3	4	5	6	7

下面的描述是关于**您工作中的感受**。请想一想您在多大程度上同意这些陈述，在每个陈述后面最能代表您真实想法的数字（1-7）上划圈	完全不同意	不同意	有些不同意	中立	有些同意	同意	完全同意
在调解工作中：							
1. 整体而言，我对这份工作本身很满意	1	2	3	4	5	6	7
2. 整体而言，我对自己的同事很满意	1	2	3	4	5	6	7
3. 整体而言，我对自己的上司很满意	1	2	3	4	5	6	7
4. 整体而言，我对自己的晋升机会很满意	1	2	3	4	5	6	7
5. 整体而言，我对自己的薪水很满意	1	2	3	4	5	6	7

下面的描述是关于**您个人的想法**。请想一想您在多大程度上同意这些陈述，在每个陈述后面最能代表您真实想法的数字（1-7）上划圈	完全不同意	不同意	有些不同意	中立	有些同意	同意	完全同意
1. 我知道我很好，因为每个人都一直这样告诉我	1	2	3	4	5	6	7
2. 我喜欢拥有凌驾于他人的权威	1	2	3	4	5	6	7
3. 我坚持要得到应有的尊重	1	2	3	4	5	6	7
4. 我非常喜欢成为注意力的焦点	1	2	3	4	5	6	7
5. 此题无内容，但请一定选择与"不同意"相对应的数字	1	2	3	4	5	6	7
6. 我比其他人更有能力	1	2	3	4	5	6	7
7. 我是一个非同寻常的人	1	2	3	4	5	6	7

下面的描述是关于**您个人的想法**。请想一想您在多大程度上同意这些陈述，在每个陈述后面最能代表您真实想法的数字（1-7）上划圈	完全不同意	不同意	有些不同意	中立	有些同意	同意	完全同意
1. 我经常在设定一个目标之后，却又会选择追求完成另一个目标	1	2	3	4	5	6	7
2. 有时候，新思路和新项目会分散我对先前思路和项目的注意力	1	2	3	4	5	6	7
3. 每隔几个月我就会对追求新的事物感兴趣	1	2	3	4	5	6	7
4. 我的兴趣每年都在发生变化	1	2	3	4	5	6	7
5. 我对一个想法或者项目会着迷一小段时间，但是之后会失去兴趣	1	2	3	4	5	6	7
6. 我难以将我的注意力保持在需要几个月才能完成的项目上	1	2	3	4	5	6	7
7. 我曾经花费多年的时间去完成一个目标	1	2	3	4	5	6	7
8. 我曾经克服过具有重大挑战的困难	1	2	3	4	5	6	7
9. 只要我开始做的事情，我就一定能够完成它	1	2	3	4	5	6	7
10. 困难不能使我沮丧	1	2	3	4	5	6	7
11. 我是一个努力工作的人	1	2	3	4	5	6	7
12. 我很勤奋	1	2	3	4	5	6	7

下面的描述是关于**您个人的想法**。请想一想您在多大程度上同意这些陈述，在每个陈述后面最能代表您真实想法的数字（1-7）上划圈	完全不同意	不同意	有些不同意	中立	有些同意	同意	完全同意
1. 与其他职业相比，我认为自己理所当然从事现在的职业	1	2	3	4	5	6	7
2. 我的人生价值很大程度上取决于自己所从事的职业	1	2	3	4	5	6	7
3. 我感觉自己注定要去追求现在的职业	1	2	3	4	5	6	7
4. 从事现在的职业让我体验到了人生的意义	1	2	3	4	5	6	7
5. 我对自己的职业很投入	1	2	3	4	5	6	7
6. 为了自己的职业，我愿意付出极大的努力	1	2	3	4	5	6	7
7. 我不会轻易地放弃自己的职业理想	1	2	3	4	5	6	7
8. 我的工作对社会有所贡献	1	2	3	4	5	6	7
9. 我从事的是一项能满足社会需求的职业	1	2	3	4	5	6	7
10. 我从事的是一项能有益于他人的职业	1	2	3	4	5	6	7
11. 我从事的这份职业对我来说意义非凡	1	2	3	4	5	6	7
12. 对于我目前从事的这份职业，我没有什么情感上的依恋	1	2	3	4	5	6	7

第二部分　基本信息

1. 年龄：_____

2. 您的区县：_____，姓名：_____，电话：_____

3. 您所在调解委员会名称：_____，电话：_____
   所在人民调解委员会主任姓名：_____

4. 性别：□男　　□女

5. 教育程度：□初中　□高中或中专　□大专　□大学
   　　　　　　□硕士及以上

6. 原先职务、身份：（可多选）
   □老党员　　□老干部　　□老军人　　□老教师
   □律师、法官等法律工作者
   □其他_____（请具体填写原工作岗位）

7. 您目前的岗位是：□人民调解员主任　　□人民调解员委员
   □一般调解员　　□其他_____（请具体写明）

8. 您的工作性质：□专职调解员　　　□兼职调解员

9. 您从事人民调解员到现在一共多长时间了：_____

问卷到此结束，感谢您的参与！

附件八：北京市人民调解案件种类划分及案件补贴额度

一、人民调解案件按照案件的疑难复杂程度以及是否达成书面调解协议分为：

1. 口头协议类纠纷

2. 简易性纠纷

3. 一般性纠纷

4. 复杂性纠纷

5. 重大疑难性纠纷

二、分类标准

1. 口头协议类纠纷

是指当事人经调解以口头形式就纠纷的解决方案达成一致，并由调解员记录备案的纠纷。（口头调解协议登记簿里有记录可查）

2. 简易性纠纷

是指纠纷事实简单，争议不大，调解难度不高，一般指纠纷标的金额 1000 元以下且当事人数量在 10 人以内，通过调解达成书面调解协议的矛盾纠纷。

3. 一般性纠纷

是指纠纷事实存在争议，调解有一定的难度，一般指纠纷标的金额 1000 元以上、5000 元以下且当事人 10 人以内，通过调解达成书面调解协议的纠纷。

4. 复杂性矛盾纠纷

是指矛盾较为复杂，事实认定有较大难度，调解难度较大，一般指纠纷标的金额在 5000 元以上且当事人 10 人以内；或者纠纷标的金额在 50000 元以下且当事人 10 人以上，通过调解达成书面调解协议的纠纷。

5. 重大疑难性纠纷

是指矛盾纠纷非常复杂，调解极其困难，对社会稳定有重大影响，一般指纠纷标的金额高于 50000 元且当事人 10 人以上的矛盾纠纷。

三、补贴额度

1. 口头协议类纠纷，20 元/件

2. 简易性纠纷，150 元/件

3. 一般性纠纷，300 元/件

4. 复杂性纠纷，450 元/件

5. 重大疑难性纠纷，2000 元/件

附件九：访谈编码

1. 和谐工作激情

访谈者编号	典型原始描述	一级编码	二级编码
E	（1）我把我的青春热血都洒在了海淀区司法这块热土上，我从事这个事一辈子了，热爱了；我对它是喜爱，我一辈子都放在这个事业上了。 （2）我确实对这份工作是有感情的，和大家一块探讨，一块调研，一块指导，它也是一个乐趣，它有一种乐趣在。	各种工作体验	和谐工作激情
W	我做调解员主要是好奇心的驱动，这个与我以前的工作一点关系都没有。	发现新事物	
A	我选择做调解员外在的动力是我遇到过很多次我特别震撼的事。当事人有的进法院来一把鼻涕一把泪的，有的跪地下求你，各种各样的都有。当你把问题给他们解决了，他们有时候说话面部肌肉都在颤抖，痛哭流涕感谢你，我看到这一幕的时候特别震撼。	难忘的经历	
B	除了能做、能写，我还能讲，我是有这样的优点。	自身优势的有效发挥	
G	我能发挥我的特长。从我这个门里出去的人就不会带着情绪走，什么态度来不管，只要出了这个门他能认可我给他的答复，满意就行了。		

访谈者编号	典型原始描述	一级编码	二级编码
C	（1）你是女孩子，为什么说过去女人有三座大山压迫？现在都没有公公婆婆压迫你。以前做儿媳，你得比婆婆起得早，给婆婆的尿盆倒了，现在都没有这个了。你已经不受苦了，你所干的这些全是你自己应该干的，你吃了饭，炒了菜是不是也得刷锅洗碗？你不要认为他得干，他是男人，所以我说女人在家里什么事都没有，她不找事这个家特和睦，打不起来。（2）把这种做工作的和谐氛围带到家里面，带到我们生活当中，带到你们身边。	工作—生活和谐	和谐工作激情
F	大家回家自己干自己的，有的时候反而容易吵架。我们不开心是拿干家务排解，今天挺累了我就使劲干家务，慢慢地就放松了，我很少带情绪。		
T	（1）咱们大家在共同做一件善事，咱们多做一个案子就能多活一年。我们都是老同志，工作的时候身体还有病，到这里干活了，查案子了，病没了。（2）我的工作跟家人的支持也是分不开的。		
U	不能因为家里的事，把这里也耽误，那里也耽误了，都是有空就过来，家庭支持肯定非常重要。		
A	（1）我就用我特殊的语言和情绪去把他引导过来，他本来情绪是直的，我让他拐弯到我这儿。因为我是第三方，中立方，他不可能跟我发脾气，不能说我不调了，不调你也等会儿，这是我的工作，到法院来了，咱这是工作，不是你家热炕头，不调了不行。坐这儿听我说，说完了你再走，我今天说散场你再走。	情绪控制	

访谈者编号	典型原始描述	一级编码	二级编码
	（2）我们家小区的街坊四邻都认识我，都知道我在电视上当调解员，所以见到我都特别的高兴。 （3）我觉得心态是最重要的，我们不能跟着情绪走。他急赤白脸的你也不能着急，别拍桌子瞪眼的。	情绪控制	和谐工作激情
D	调解中间突然发生的事情你要能掌控，随时调整你的方案。你心里有一个解决的目标，让它一定不能偏离这个目标，而且你随时能够掌控事情的发展。		
A	我觉得我其实是用了我的热情和热心去做了一件我工作分内的事，但是对于他们每个当事人来讲，对于他们自己个人来讲就是天大的事了。	身心投入	
C	我觉得我们并不吃亏，确实我干很多活都觉得不是累不累的事，我总觉得思想境界在提高，即便我都60多岁了，还是觉得应该再提高。		
D	另外一方面是我热爱这个工作，因为热爱这个工作，所以就会全身心地做这个事。		

2. 道德自我效能感

访谈者编号	典型原始描述	一级编码	二级编码
D	像聂跟张这个，咱们是中立的，不说感情，说让他们怎么样，但我也很累，就是他们又哭又闹的。	保持中立	道德自我效能感
J	我有说服力是为什么呢？我不是党员。我代表的是第三方，说对了，是替党和政府在这儿做事说话呢；说错了，都是我老头自己说的。		
V	（1）咱们要公正，要保障当事人的权益，对于弱者要单独询问。 （2）咱们肯定得讲道德啊，咱们不能对当事人敷衍，主要是关心他的事实，关心他的态度，咱们要公正。要保障当事人的权益，要中立。	公平公正	
E	（1）首先来讲，得心正，这个纠纷未调心得正，我们做人首先要体现出一个公正，这是最基础的东西。 （2）未调案子心先正，甭管是解决案子还是待人接物，我这心得正，我们并不局限于我调解纠纷是公正的，我为人处世，于公于私都是公正的人，这是最基本的。 （3）心先正，不管这个案子多复杂，怎么让人家感觉到气愤，但是我的心是公正的。		
C	我绝对不糊弄。有哥俩为一套房产，为了少花钱，让我写一个协议书，我其实能写，但是我不写。	坚持原则	

访谈者编号	典型原始描述	一级编码	二级编码
G	毕竟现在律师事务所都是个人的，朋友关系，那种关系拿人家钱觉得心里面不是很舒服。	坚持原则	道德自我效能感
K	（1）跟他们说完了以后，请我们吃饭。调解完了以后，双方都满意了，吃饭去吧，有的是真拉着吃饭去，那不能去。别看小小的一顿饭值不了几个钱，但对我来讲，把自己贬低了，我给你干的活儿就值这点钱吗？还有的是扔点钱，扔下三五百块钱，我分文不取，不然就要犯罪了。 （2）坚决得制止自己的手，你要往前伸一次手，就有可能有十次；你一次不伸，心里面坦荡。	坚持原则	道德自我效能感
N	制作协议草草了事不合适，这个是劳动成果的体现，同时也是有法律的效力在里边。所以协议的制作，表达的意思简明扼要也得真实，而且让人能看得懂，不能是模棱两可的表达，不能让当事人依据你这个调解协议做一些文章。		
M	（1）参加工作要有一颗疾恶如仇的心，正义感很强。教导员我干了 10 年，我觉得我有一颗爱心，软人心的心。公正之心也有，这是首要的。 （2）我要动用私人关系去做这个事，因为他们是外地的，我就是看不下去这些人受到不公平的待遇，国家要狠抓这个。	维护正义	

访谈者编号	典型原始描述	一级编码	二级编码
S	（1）咱们的调解员还是要按照社会主义道德观、核心价值观来做工作。 （2）我们调解工作也包括如何去引导大家，一个是了解法律，另一个是在日常生活中要有道德心。比如，每个人都应该赡养老人。 （3）我想把社会上人的观念都引导到相对正确的道路上，比如不再那么自私，这可能也是我工作的动力之一；看到那些没有走在正道上的人就想把他拉回来，想通过我工作的点滴去改变我所处的工作环境。	弘扬社会道德	道德自我效能感
W	（1）告诉他还得把亲情放在第一位，不能因为这一点事你和你的两个姐姐以后就掰了，以后你有困难她们也不管你了。你把亲情搞得好一点儿，大家还是兄弟姐妹，还能互相帮助。 （2）有时候一念之间就失去道德了，有时候一念之间就守住道德了，好多家庭是这样。底线守住了，家庭就和睦了。		

3. 威权调解风格

访谈者编号	典型原始描述	一级编码	二级编码
A	（1）我的规矩第一是互相尊重，不能使用侮辱谩骂的语言，在我们整个调解过程中，你的声音分贝不能高于我；第二是陪同你来的所有人没有发言权，可以旁听，你说记不住了由别人说，这不行；第三是一方说完另外一方再说，你不能穿插着说，如果这边说的时候你认为他说的不属实，你可以举手质疑，我让你说你再说，或者是你能记着那就他说完了我让你说，双方都得说，然后大家再共同探讨。 （2）我做的事就是用我的情绪去引导他。当他刚有不好的苗头的时候我就立马制止他，因为我有我的纪律。如果实在不行的话，我立马站起来，把他请出去。	掌控所调解的案件	威权调解风格
G	一般先让他坐在别的屋冷静一下，先找情绪稳定的谈。他稍微冷静了我们再谈，如果他要是情绪再不好，我们还把他请到别的屋，超过一个小时他就着急了。		
H	我们是三室，凡是打的比较厉害的，就关到三室里面，进去就有录像。		
D	你还得多做功课，依法来调解。你要能掌控这个调解的全局，掌控氛围，不能让当事人带着你走。		

访谈者编号	典型原始描述	一级编码	二级编码
A	有的时候你也知道说着说着双方就吵起架来了，那还调不调？继续调就听我的，你不能这样。当然也有的人脾气不好，这个时候以好友的身份警告他，你这样解决不了问题，你先静下来，到这儿来得听我的。我先把他的情绪安抚好。	希望当事人服从调解	
B	第二天跟我拿一本法典来，他是大学老师，又是一教授，这么知名，70多岁了。我不好意思给他扔，如果要是别人就扔出去了。一打开这个，3月4日出版的，那时候是5月份，特别新的刚出版的书，我说正好我这没书就搁这了。	展现威严	威权调解风格
K	当时我就一拍桌子，连说带吓唬，让他们关上门打，我把门从外面锁上，打完以后你们告诉我一声，我再回来调，一这样说谁也不动了。为什么？他们来我这儿是看病的。		
C	我说你是小辈，你就当舅妈骂鸡骂狗。她爱高兴不高兴，这件事先不说什么起因了，你揪舅妈的头发就不对，你先给舅妈赔礼道歉。她想半天，我要不道呢？我说不道不行，你这是故意伤害了，你明知道这头发能拽下来，为什么还要拽？你多狠啊！你想你妈头发要掉这么多你怎么想？你是不是得过去跟人打起来？	责备当事人	
A	当我看到有不公平的问题出现的时候，我肯定是先去安抚弱者，打击强者。